U0608249

廣雅卷九上

釋天

太初氣之始也生於酉仲清濁未分也太始形之始也生於戌仲八月酉仲爲太初屬雄九月戌仲號太始屬雌清者爲精濁者爲形也太素質之始也生於亥仲已有素朴而未散也三氣相接至於子仲剖○剖本字判分離輕清者上爲天重濁者下爲地中和爲萬物詩緯曰陽本爲雄陰本爲雌物本爲魂雄雌俱行三節而雄含物魂號曰太素也三未分別號曰渾淪

案易乾鑿度曰夫有形生於無形乾坤安從生鄭康成注云天地本无形而得有形則有形生於无

浙江大學出版社據國家
圖書館藏清抄本影印

盧校叢編

陳東輝 主編

廣雅注

〔清〕盧文弨 撰

浙江大學出版社

圖書在版編目（CIP）數據

廣雅注 /（清）盧文弨撰. -- 杭州 : 浙江大學出版社，2022.10
（盧校叢編 / 陳東輝主編）
ISBN 978-7-308-22873-2

Ⅰ. ①廣… Ⅱ. ①盧… Ⅲ. ①《廣雅》—注釋 Ⅳ. ①H131.4

中國版本圖書館CIP數據核字（2022）第133682號

廣雅注
〔清〕盧文弨 撰

叢書主編 陳東輝
責任編輯 王榮鑫
責任校對 吴 慶
封面設計 項夢怡
出版發行 浙江大學出版社
（杭州市天目山路148號 郵政編碼310007）
（網址：http://www.zjupress.com）
排 版 杭州尚文盛致文化策劃有限公司
印 刷 浙江海虹彩色印務有限公司
開 本 880mm×1230mm 1/32
印 張 15
印 數 0001—1000
版 印 次 2022年10月第1版 2022年10月第1次印刷
書 號 ISBN 978-7-308-22873-2
定 價 148.00元

浙江大學出版社市場運營中心聯繫方式 （0571）88925591；http://zjdxcbs.tmall.com

《盧校叢編》出版説明

陳東輝

清代校勘學興盛，名家輩出，盧文弨、顧千里、戴震、錢大昕、阮元、段玉裁、王念孫、王引之、孫詒讓、俞樾等均成績卓著，由此産生了一批歷代典籍的精校精刻本，至今仍有重要參考價值。

盧文弨（一七一七—一七九六），初名嗣宗，後改名文弨，字紹弓（一作召弓），號磯漁（又號檠齋），晚年更號弓父（弓甫）。其堂號曰抱經堂，人稱抱經先生。其祖籍浙江餘姚，明代遷居於仁和（今杭州）。盧文弨乃清代乾嘉時期之著名學者，學識博洽，著述宏富。他的門生臧庸對他推崇備至，曰：『盧抱經學士，天下第一讀書人也。』[一]他在學術上的最大成就，在於校勘古書。據統計，盧氏所鈔校題跋的書籍多達三百五十二種，其中經部八十二種，史部七十種，子部一百零六種，集部九十四種。[二]

他與當時著名考據學家戴震、王念孫、段玉裁交往較多，並深受他們的影響。他大倡實學，尤好校書，聞有善本，必借抄録。其校勘方法，以訓詁爲主，重視舊本，多方參驗，頗下功力。誠如錢大昕所云：

> 學士盧抱經先生精研經訓，博極群書，自通籍以至歸田，鉛槧未嘗一日去手。奉廩修脯之餘，悉以購書。遇有祕鈔精校之本，輒宛轉借録。家藏圖籍數萬卷，皆手自校勘，精審無誤。凡所校定，必參稽善本，證以它書，即友朋後進之片言，亦擇善而從之，洵有合於顔黄門所稱者，自宋次道、劉原父、貢父、樓大防諸公，皆莫能及也。[三]

盧文弨將畢生獻給了他所鍾愛的校勘古書事業，堪稱以學術爲生命之典範。張舜徽對盧氏之評價有畫龍點睛之妙，他説：（盧文弨）『屏絶人世一切之好，終身以校之，所校書爲最多，裨益於士林亦最巨。』[四]翁方綱謂其『專詳於所訂諸書者，校讎經籍之功，近世儒林之所少也』[五]。吴騫云：『舜江盧紹弓學士性敏達而好學，一生手不停披。凡經史百家之書，無不句讎字勘，丹黄粲然，且無一懈筆。校刊漢魏諸儒書，皆有功學者。其詩以餘事爲之，然亦不落輓近。』[六]又云：（盧文弨）『尤癖嗜典籍，幾忘寢饋。聞人有異書，必宛轉假録，遇亥豕則爲校正而歸焉，人亦樂以借之。』[七]嚴元照曰：『抱經先生喜校書。自經傳、子史，下逮説部、詩文集，凡經披覽，無不丹黄者。即無別本可勘同異，必爲之釐正字畫然後快。嗜之至老逾篤，自笑如猩猩之見酒也。』[八]周中孚云：『抱經家藏羣書，皆手自校勘，精審無誤。凡所校定，必參稽善本，證以他書，即友人後進之片言，亦擇善而從之。』[九]錢泳指出：（盧文弨）『平生最喜校正古籍，爲鍾山書院山長，其所得館穀大半皆以刻書，如《春秋繁露》、賈子《新書》、《白虎通》、《方言》、《西京雜記》、《釋名》、《顔氏家訓》、《獨斷》、《經典釋文》、《孟子音義》、《封氏見聞録》、《三水小牘》、《荀子》、《韓詩外傳》之類，學者皆稱善本。』[一〇]丁丙曰：『校勘之學，至乾嘉而極精，出仁和盧抱經、吴縣黄蕘圃、陽湖孫淵如之手者，尤讎校精審。』[一一]

劉咸炘認爲盧文弨『爲功後學不小。經疏校正，猶非罕見，然創始之功已不可没。阮校以盧爲藍本』[一二]。王欣夫對盧文弨給予高度評價，説：『他在校讎方面付出了辛勤的勞動，取得了卓越的成就，數清代校讎專家，當推他是第一流。』[一三]葉樹聲提到：『盧文弨校書兩百三十多種，上至經史，下逮詩文，無不丹黄。其校最多，裨益於士林也最大。』[一四]曾貽芬認爲：『盧文弨的校勘成果主要體現在他所校刻的諸書中，然而在他所自爲書的《羣書拾補》中，有關校勘的内容仍占有相當的篇幅，而且還很集中。《抱經堂文集》則包含有不少有關校勘原則的精闢論述。盧文弨校勘精審，《羣書拾補》中的不少校勘成果，已被後人採納。』[一五]傅璇琮贊曰：『盧文弨一生校定的古籍，鏤版行世的如《經典釋文》、《逸周書》、《賈誼新書》、《春秋繁露》等等，都是流傳不衰的佳書，他的《羣書拾補》，其精審的校勘更是某些浮言空論所不能望其項背的。』[一六]楊軍、曹曉雲對盧文弨甚爲推崇，指出：『盧氏校勘極精，頗多特見，學識深厚，可資參考者多而大抵皆有據，非如俗人之妄論。然撲塵掃葉，難免偶疏，誠所謂千慮之失，不可苛責。《釋文》多歷竄亂，非一人之力可治，而盧氏之校，寔陸元朗之功臣也。』[一七]張之洞的《書目答問》在列舉清代校勘之學家時曰：『諸家校刻書，並是善本，是正文字，皆可依據。戴、盧、丁、顧爲最。』[一八]盧文弨在校勘學領域取得了傑出成就，同時在目録學、版本學、訓詁學、文字學、音韻學、辨僞學、輯佚學等方面亦頗有造詣。

盧文弨所編纂的《抱經堂叢書》乃盧氏自校，向以校勘精善、質量上乘而著稱於世，乃中國歷史上最有影響的叢書之一，是當之無愧的精校精刻本，深受學者關注與好評。孫詒讓贊曰：『盧所校者尤衆，其刻《抱經堂叢書》數十種最爲善本。』[一九]繆荃孫在論及清代乾嘉時期叢書編刻盛況時説：『有志在傳古，校讐最精者，如盧學士之《抱經堂》是也。』[二〇]梁啓超在論及清代學者整理舊學之成績時曰：『校釋諸子（或其他古籍）之書，薈萃成編最有價值者：其一，爲盧抱經之《羣書拾補》。抱經所校各書，有多種已將新校本刻出；剩下未刻者，有許多校語批在書眉，把它匯成此書。』[二一]傅增湘則謂『《抱經堂叢書》尤精博』，『奄有諸家之長，而無其短』[二二]。《增訂四庫簡明目録標注》注明《抱經堂叢書》『甚佳』[二三]。中華書局編輯部編的《叢書集成初編總目索引》中的《叢書百部提要》有云：（盧文弨）『每校一書，必搜羅諸本，反覆鈎稽。乾隆間，彙刊所校漢唐人書及所著札記文集，爲《抱經堂叢書》。其卓識宏議，見於盧氏自爲各書序跋。版式雅飭，鐫印俱精。』[二四]

洪湛侯的《百部叢書集成研究》指出：『《抱經堂叢書》所收這些重要校本，大抵以舊本爲依據，却不迷信舊本，依據宋本又不惟宋是從，態度極爲認真。……盧文弨這些校勘成果，對於後代的古文獻研究者，幫助極大。』[二五]潘美月在《清代私家刊本特色》一文中提到：『刊刻叢書乃清代私家刻書之最大特色。……故清代私家刻書以校讎爲主者，當首推盧文弨之刻《抱經堂叢書》。』[二六]

《抱經堂叢書》有清乾隆嘉慶間刻彙印本[二七]，以及民國十二年（一九二三）北京直隸書局影印清乾隆嘉慶間刻本。一九六八年，臺灣藝文印書館又據清乾隆嘉慶間刻本影印（其中的《春秋繁露》、《獨斷》二書改用其它叢書的最佳版本，并新增了《三水小牘》之《逸文》），從而使其成爲該館出版的嚴一萍選輯的《百部叢書集成》（與《叢書集成初編》不同，《百部叢書集成》對所收各叢書加以整部影印，并且不重新分類編排）之一種。

《抱經堂叢書》包括《經典釋文》、《儀禮注疏詳校》、《逸周書》、《白虎通》、《輶軒使者絶代語釋别國方言》、《荀子》、《新書》、《春秋繁露》、《顏氏家訓》、《羣書拾補》、《西京雜記》、《獨斷》、《三水小牘》、《鍾山札記》、《龍城札記》、《解春集文鈔》、《抱經堂文集》等十七種子目書。《抱經堂叢書》受到廣大學者的高度重視，一直在古籍整理研究工作中發揮着重要作用，已有多種古籍整理點校著作將《抱經堂叢書》本作爲底本或參校本。如質量甚高的王利器的《顏氏家訓集解》（中華書局二〇一三年版），即以盧文弨校定《抱經堂叢書》本《顏氏家訓》爲底本。吴雲、李春臺校注的《賈誼集校注》（天津古籍出版社二〇一〇年版）中的主體部分，也就是《賈子新書》，以盧文弨校定《抱經堂叢書》本《新書》爲底本。同時，吴士鑑的《晉書斠注》（吴興劉氏嘉業堂一九二八年刻本），（清）郭慶藩的《莊子集釋》（中華書局一九六一年版），（清）王先謙的《荀子集解》（中華書局一九八八年版），（清）王先慎的《韓非子集解》（中華書局一九九八年版），（清）蘇輿的《春秋繁露義證》（中華書局一九九二年版），楊伯峻的《列子集釋》（中華書局一九七九年版），張純一的《晏子春秋校注》（中華書局二〇一四年版），劉文典的《莊子補正》（中華書局二〇一五年版），朱季海的《説苑校理 新序校理》（中華書局二〇一一年版），徐小蠻、顧美華點校的《直齋書録解題》（上海古籍出版社一九八七年版），任繼昉纂的《釋名匯校》（齊魯書社二〇〇六年版）等，均吸收了盧文弨的相關校勘成果。再則，華東師範大學《子藏》編纂中心編的《子藏·道家部·列子卷》（國家圖書館出版社二〇一三年版）收録了《抱經堂叢書》本《羣書拾補》中的《列子張湛注校正》，《子藏·法家部·韓非子卷》（國家圖書館出版社二〇一四年版）收録了《抱經堂叢書》本《羣書拾補》中的《韓非子校正》，《子藏·道家部·莊子卷》（國家圖書館出版社二〇一一年版）收録了《抱經堂叢書》本《經典釋文》中的《莊子音義攷證》。

綜合考慮學術價值、讀者需求、已有相關出版物等因素，我們業已將《抱經堂叢書》中的《白虎通》、《春秋繁露》、《新書》、《逸周書》、《經典釋文》（附盧文弨《經典釋文攷證》）等五種子目書加以影印出版，接下來還將推出國家圖書館藏清抄本《廣雅注》（盧文弨撰）、上海圖書館藏（葉景葵舊藏）清乾隆刻本《顔氏家訓》（清趙曦明、盧文弨注）等的影印本，作爲《盧校叢編》陸續刊行之出版品。

此前，筆者曾主持《盧文弨全集》的整理校點，前後歷時十一年，對現存盧文弨著述進行了全面而系統的整理。《盧文弨全集》是作爲『浙江文化研究工程』重要組成部分的《浙江文獻集成》之一種，列入『二〇一一—二〇二〇年國家古籍整理出版規劃』，並成功入選『二〇一五年度國家古籍整理出版專項經費資助項目』，已由浙江大學出版社於二〇一七年出版。同時，筆者曾對盧文弨及相關清代學者進行過專門研究，已出版《清代學術與文化新論》等專著，編著或主編《清代學者研究論著目録初編》、《清代學者研究論著目録續編》和《清代學術大師專人研究文獻目録叢刊》等工具書。因此，《盧校叢編》的整理出版，對於擔任主編的筆者個人而言，可以視爲清代學術史、古典文獻學研究之延續和拓展；對於出版社來説，可以看作《盧文弨全集》的衍生出版物。

陳東輝

二〇二二年七月謹誌於浙江大學漢語史研究中心

注

［一］（清）臧庸：《拜經堂文集》卷三《與顧子明書》，載《續修四庫全書》第一四九一册，上海古籍出版社一九九五—二〇〇二年版，第五七五頁。

［二］參見陳修亮編著：《盧文弨鈔校題跋本目録》，載陳東輝主編：《盧文弨全集》第十五册《附録上編》，浙江大學出版社二〇一七年版，第三七三—四七六頁。

［三］（清）錢大昕：《潛研堂文集》卷二十五《盧氏羣書拾補序》，載陳文和主編：《嘉定錢大昕全集》（增訂本）第九册，鳳凰出版社二〇一六年版，第三八八頁。

［四］張舜徽：《廣校讎略》卷四，載張舜徽《廣校讎略 漢書藝文志通釋》，華中師範大學出版社二〇〇四年版，第七六頁。

［五］（清）翁方綱：《皇清誥授朝議大夫前日講起居注官翰林院侍讀學士抱經先生盧公墓誌銘》，載陳東輝主編：《盧文弨全集》第十五册《附録上編·有關墓誌傳記·墓誌類》，浙江大學出版社二〇一七年版，第一三頁。

［六］（清）吴騫：《拜經樓詩話》卷三，載《續修四庫全書》第一七〇四册，上海古籍出版社一九九五—二〇〇二年版，第一二九頁。

［七］（清）吴騫：《愚谷文存續編》卷一《抱經堂集序》，載《清代詩文集彙編》第三八〇册，上海古籍出版社二〇一〇年版，第三二八頁。

［八］（清）嚴元照：《悔菴學文》卷八《書盧抱經先生札記後》，載《清代詩文集彙編》第五〇八册，上海古籍出版社二〇一〇年版，第五五一頁。

［九］（清）周中孚著，黄曙輝、印曉峰標校：《鄭堂讀書記》卷五十五，上海書店出版社二〇〇九年版，第九〇五頁。

［一〇］（清）錢泳撰，張偉點校：《履園叢話》六，中華書局一九七九年版，第一四六頁。

［一一］（清）丁丙：《善本書室藏書志》，載《續修四庫全書》第九二七册，上海古籍出版社一九九五—二〇〇二年版，第六八八頁。

［一二］劉咸炘：《内景樓檢書記·子類》，載劉咸炘：《推十書》（增補全本）丁輯，上海科學技術文獻出版社二〇〇九年版，第五八六頁。

［一三］王欣夫：《文獻學講義》，上海古籍出版社一九八六年版，第四二四頁。

［一四］葉樹聲：《乾嘉校勘學概説》，《安徽大學學報》（哲學社會科學版）一九八九年第四期，第一〇五頁。

［一五］曾貽芬：《試論盧文弨、顧廣圻的校勘異同及其特點》，《史學史研究》一九九七年第四期，第五七頁。

［一六］傅璇琮：《盧文弨與〈四庫全書〉》，載傅璇琮：《濡沫集》，北京聯合出版公司二〇一三年版，第六〇頁。

［一七］楊軍、曹曉雲：《〈經典釋文〉文獻研究述論》，《合肥師範學院學報》二〇一五年第四期，第四頁。

［一八］（清）張之洞撰，范希曾補正：《書目答問補正》，上海古籍出版社二〇〇一年版，第二六七頁。

［一九］孫延釗輯，張憲文整理：《孫詒讓序跋輯録》，《文獻》一九八六年第一期，第一八五頁。

［二〇］繆荃孫：《藝風堂文集》卷五《積學齋叢書序》，載《續修四庫全書》第一五七四册，上海古籍出版社

一九九五—二〇〇二年版，第九八頁。

［二一］梁啓超：《中國近三百年學術史》，商務印書館二〇一一年版，第二七七頁。

［二二］傅增湘：《藏園群書題記》附録二《抱經堂彙刻書序》，上海古籍出版社一九八九年版，第一〇六七頁。

［二三］（清）邵懿辰撰，邵章續録：《增訂四庫簡明目録標注》，上海古籍出版社二〇〇〇年版，第五五一頁。

［二四］中華書局編輯部編：《叢書集成初編總目索引》，中華書局二〇一二年版，第二三頁。

［二五］洪湛侯：《百部叢書集成研究》，臺灣藝文印書館二〇〇八年版，第一三八頁。

［二六］潘美月：《龍坡書齋雜著——圖書文獻學論文集》，載《古典文獻研究輯刊》十三編，臺灣花木蘭文化出版社二〇一一年版，第四九五—四九六頁。

［二七］上海圖書館編的《中國叢書綜録》（上海古籍出版社一九八二年版）等工具書以及有關論著，將《抱經堂叢書》之版本著録爲『清乾隆嘉慶間餘姚盧氏刊本』或『清乾隆嘉慶間餘姚盧氏抱經堂刊本』，應該説是不够準確的，因爲該叢書中的盧文弨、謝墉校補的《荀子》二十卷《校勘補遺》一卷，係清乾隆五十一年（一七八六）嘉善謝氏所刻。

前言

盧文弨的《廣雅注》與王念孫的《廣雅疏證》、錢大昭的《廣雅疏義》，並稱爲清代治《廣雅》的三大家著作。清代著名學者桂馥在乾隆五十八年（一七九三）爲錢大昭《廣雅疏義》所作之序中有云：『今海内治《廣雅》者三家：一爲盧先生文弨；一爲王先生念孫；一爲錢先生大昭。』[一]段玉裁在《翰林院侍讀學士盧公墓誌銘》中提到，盧文弨『所自爲書有《文集》三十四卷，《儀禮注疏詳校》十七卷，《鍾山札記》四卷，《龍城札記》三卷，《廣雅（釋天已下）注》二卷』[二]。其後，（清）阮元的《儒林傳稿》，（清）阮元等的《國史文苑傳稿》，（清）李元度的《國朝先正事略》，（清）唐鑑撰輯的《國朝學案小識》，（清）李桓輯的《國朝耆獻類徵初編》，（清）錢林輯、（清）王藻編的《文獻徵存録》，（清）楊文杰的《東城記餘》，趙爾巽等的《清史稿》，徐世昌編纂的《清儒學案》，蔡冠洛編纂的《清代七百名人傳》，支偉成的《清代樸學大師列傳》，以及不著編纂者的《清史列傳》等，在叙述盧文弨所自著書時，文字與段玉裁所撰墓誌銘基本相同，應該都是參考了後者。

此外，翁方綱《皇清誥授朝議大夫前日講起居注官翰林院侍讀學士抱經先生盧公墓誌銘》云：（盧文弨）『所著述古文集外，有《廣雅注釋》。』（清）吴修編《昭代名人尺牘小傳》卷二十二曰：（盧文弨）『著有《儀禮注疏詳校》、《廣雅注》、《羣書拾補》、《鍾山札記》、《龍城札記》及《抱經堂集》。』（清）臧庸《拜經堂文集》卷五謂：（盧文弨）『所自著書，有《周易注疏輯正》十卷、《儀禮注疏詳校》十七卷、《廣雅注釋》二卷、《經義考補》若干卷、《鍾山札記》四卷、《龍城札記》三卷、《文集》三十四卷，大半刊行。』（清）施朝榦輯《武林人物新志》卷三記載：（盧文弨）『著《羣書拾補》、《儀禮訂譌》、《廣雅注釋》、《鍾山札記》、《龍城札記》、《抱經堂文集》。』（清）阮元輯《兩浙輶軒録》卷二十三提及，盧文弨之著述『未刻者，尚有《廣雅注釋》』。（清）錢大昕《潛研堂詩續集》卷八《盧抱經學士輓詩》中有『公有《廣雅疏》』之注。民國時期編纂的《續修四庫全書總目提要》中的《盧抱經增校詩考四卷》條（張壽林撰）有云：（盧文弨）『自著有《儀禮注疏詳校》、《廣雅注》、《鍾山札記》、《龍城札記》、《抱經堂文集》等書。』[三]

但關於盧文弨《廣雅注》之下落，則鮮有人論及，以致許多學者認爲《廣雅注》未傳下來，或者認爲《廣雅注》就是收在《廣雅義疏》中的盧文弨之注，還有的學者認爲《廣雅注》並未成書。事實上，《廣雅（釋天以下）注》目前還存有清抄本，收藏在國家圖書館，原書縮微膠捲題作『廣雅箋疏，十卷，清抄本，三册，存二卷，九至十中』，未署作者。

江慶柏的《關於新發現的盧文弨〈廣雅注〉抄本》一文，通過詳細而深入的考辨，認爲清抄本《廣雅箋疏》即盧文弨《廣雅（釋天以下）注》。[四]江文資料翔實，證據確鑿，論證嚴密，堪稱定論。

除了江文所提及的證據之外，筆者還發現了一條非常有力的證據，就是盧文弨曾在致王念孫之書札中曰：『向有意欲詮《廣雅》，畏詁訓之煩難，乃從後逆推而上，已成第九、第十兩卷。中遭大故，繼復爲它事所奪，閣寘又五六年矣！』[五]

徐復主編的《廣雅詁林》（江蘇古籍出版社一九九二年版）據清抄本《廣雅（釋天以下）注》，將盧文弨之注加以輯録。後來，《中華大典·語言文字典·訓詁分典》（湖北教育出版社、湖北人民出版社二〇一四年版）則輯録了《廣雅（釋天以下）注》的部分内容。

《廣雅（釋天以下）注》目前所知僅有國家圖書館藏清抄本（存二卷，九至十中）。此外，錢大昭的《廣雅疏義》引用了盧文弨之注釋，其中卷十七至卷二十部分與《廣雅（釋天以下）注》可以相互參證。[六]筆者主編的《盧文弨全集》（浙江大學出版社二〇一七年版）第六册收有《廣雅（釋天以下）注》，我们整理校点时，以國家圖書館藏清抄本爲工作底本，並參考了《廣雅詁林》、《中華大典·語言文字典·訓詁分典》以及社會科學文獻出版社二〇一五年版劉永華校注的《〈廣雅疏義〉校注》，中華書局二〇一六年版黄建中、李發舜點校的《廣雅疏義》中的相關部分。同時，清抄本《廣雅（釋天以下）注》之天頭，尚有錢大昕、錢大昭、丁杰等與盧文弨交游甚密的同时代學者之案語，我們也加以整理校點。

不過，凡是從事過學術研究、古籍整理者應該都有體會，就是任何校點本均無法完全取代影印本（尤其是底本理想、版面清晰的高質量影印本）。並且，就清代治《廣雅》的三大家著作而言，王念孫的《廣雅疏證》、錢大昭的《廣雅疏義》均已有多種影印本和整理校點本，相關研究成果亦頗多，而盧文弨的《廣雅注》則是國家圖書館獨家皮藏之清抄本，此前從未影印刊行，並且不少學者還不知曉該書尚存於世。爲了給相關研究者提供便利，我們據國家圖書館藏清抄本影印，定名爲《廣雅注》。盧文弨《廣雅注》的影印出版，對於進一步促進訓詁學、中國語言學史、清代學術史等方面的研究具有重要意義。

陳東輝

二〇二二年七月謹誌於浙江大學漢語史研究中心

注

［一］（清）桂馥：《〈廣雅疏義〉序》，載劉永華校注：《〈廣雅疏義〉校注》卷首，社會科學文獻出版社二〇一五年版。

［二］（清）段玉裁：《經韵樓集》卷八《翰林院侍讀學士盧公墓誌銘》，上海古籍出版社二〇〇八年版，第二〇四頁。

［三］中國科學院圖書館：《續修四庫全書總目提要·經部》，中華書局一九九三年版，第三四二頁。

［四］參見江慶柏：《關於新發現的盧文弨〈廣雅注〉抄本》，《文教資料》一九八六年第二期，第一二六—一三二頁。

［五］（清）盧文弨：《盧文弨與王念孫書》，載賴貴三編著：《昭代經師手簡箋釋——清儒致高郵二王論學書》，臺灣里仁書局一九九九年版，第五四頁。

［六］《廣雅（釋天以下）注》對於《廣雅》卷九至卷十中的各條均有注釋，而《廣雅疏义》僅引用了其中的一部分，并且大多是節引，同時還有不少疏誤之處。

目録

廣雅卷九上

釋天

太初氣之始也生於酉仲清濁未分也太始形之始也生於戌仲八月酉仲爲太初屬雄九月戌仲號太始屬雌清者爲精濁者爲形也太素質之始也生於亥仲已有素朴而未散也三氣相接至於子仲○剖本字判分離輕清者上爲天重濁者下爲地中和爲萬物詩緯曰陽本爲雄陰本爲雌物本爲魂雄雌俱行三節而雄含物魂號曰太素也三未分別號曰渾淪

案易乾鑿度曰夫有形生於無形乾坤安從生鄭康成注云天地本无形而得有形則有形生於无

形矣故繫辭曰形而上者謂之道夫乾坤者法天地之象質然則有天地則有乾坤矣將明天地之由故先設問乾坤安從生也又云故曰有太易有太初有太始有太素太易者未見氣也注云以其寂然无物故名之爲太易又云太初者氣之始也注云元氣之所本始太易既自寂然无物矣焉能生此太初哉則太初者亦忽然而自生又云太始者形之始也注云形見也天象形見之所本始也又云太素者質之始也注云地質之所本始也又云氣形質具而未離故曰渾淪注云雖含此三始

而猶未有分判老子曰有物渾成先天地生又云渾淪者言萬物相渾成而未相離注云言萬物莫不資此三者也列子天瑞篇其文正同而此獨無太易太易者視之不見聽之不聞循之不得此猶太極之本於無極也注詩緯乃推度災之文太平御覽一云陽本爲雄陰本爲雌物本爲魂宋均注云本即原也變陰陽物爲雌雄魂也亦言未有形也皆無兆朕故謂之氣又云雄生八月仲節號曰太初行三節注云節猶氣也太初者氣之始也必知生八月仲者據此時麥薺生以爲驗也陽生物行三

節者須雌俱行物著也又云雌生戌仲號曰太始雌雄俱行三節注云俱行起自戌仲至亥又云雄含物魂號曰太素注云雌雄俱行故能含物魂而生物也獨言雄雄主於陽故也案傳言天開於子地闢於丑人生於寅以十二會分之至酉戌亥而人物微矣然生生之機無時而或息也冬至陽盡於上又萌於下此當酉戌亥之會而氣形質已萌矣以理言之而有以知其不誣也

天地辟設人皇以來至魯哀公十有四年積二百七十六萬歲分爲十紀曰九頭五龍攝提○舊作挺提羅泌路史云

孟洗錦帶前書謂之括提紀或作提揵皆非蓋攝提首紀耳合雄○當作合雒羅泌云龜圖出雒從而合之所謂黃帝合而不死者或作雄又轉為熊俱非建通○或作連通又作連逋序命循蜚○亦作循飛舊本作修輩譌因提禪通流訖帝王世記自天地闢設人皇以來迄魏咸熙二年凡二百七十二代積二百七十六萬七百四十五年分為十紀一曰九頭至十流訖○流訖舊本作流記譌案司馬貞三皇本紀作流訖宋刻書序正義亦同羅泌作疏仡云疏以知遠仡以審斷

年紀

案續漢歷志載蔡邕議引元命苞乾鑿度皆以爲開闢至獲麟二百七十六萬歲此書之所據也禮記禮運正義引廣雅云一紀二十六萬七千年六

廣雅 三

紀計一百六十萬二千年今本無文羅泌路史云九頭是爲一姓紀則泰皇氏紀也泰皇乃人皇張晏云人皇九首韋昭云人皇九人所謂九皇五龍是謂五姓紀春秋命歷序云皇伯皇仲皇叔皇季皇少五姓同期俱駕龍號曰五龍攝提是謂五十九姓紀合雒是謂三姓紀連通是謂六姓紀敘命是謂四姓紀克以命敘而通之也右古六紀在鉅靈氏前循蜚是謂二十一姓紀德厚信矼天下之人循其化以若飛也因提因其變而舉之卽十有三姓也禪通史皇氏之通封禪者十有八姓也疏

佗自黄帝氏而紀舊言六紀在遂人前鄭康成六藝論云遂人後歷六紀九十一代至伏羲始作十二言之教方叔機注云九頭一五龍五攝提七十二合洛三連逋六敘命四凡九十有一如鄭所言則十紀皆在遂人之後而四紀又在伏羲之後非也以上皆羅泌説三皇本紀引春秋緯稱自開闢至於獲麟凡三百二十七萬六千歲分爲十紀凡世七萬六百年一曰九頭紀二曰五龍紀三曰攝提紀四曰合雒紀五曰連通紀六曰敘命紀七曰修飛紀八曰因提紀九曰禪通紀十曰流訖紀當

黃帝時制九紀之閒此文亦云出於元命包而不同嘉定錢氏塘云春秋緯當用四分上元二百七十六萬歲爲開闢積年續漢志可考小司馬所引疑是後人傳寫之誤與章蔀紀元之數俱違矣

東方昦天東南方○舊本脫方字下西南西北東北竝同今補之說見後陽天南方赤天西南方朱天西方成天西北方幽天北方玄天東北方變○舊本作鑾譌天中央鈞天

九天○初學記載廣雅注云九天亦名九野案攷靈曜呂覽淮南皆云九野亦見呂氏春秋有始覽淮南天文訓皆始於中央而東而東北右行以至東南此則左旋也昦隷作

昊說文春爲昦天元气昦昦从日夰夰亦聲夰古老切詩王風黍離正義引異義天號今尚書歐陽說春曰昊天夏曰蒼天秋曰旻天冬曰上天爾雅亦云謹案尚書堯典羲和以昊天總勅以四時故知昊天不獨春也以上許慎說玄之聞也爾雅者孔子門人所作以釋六藝之言蓋不誤也春氣博施故以廣大言之此釋昊夏氣高明故以遠大言之此釋蒼以上鄭駁案今爾雅作春爲蒼天夏爲昊天李巡孫炎郭璞本皆同呂覽淮南亦皆以昊爲蒼尚書歐陽說及許鄭所見爾雅俱不與今本同此廣雅之文亦正

丁杰案鄭氏易注本作朱深于赤所謂天子純朱諸侯黃朱也宋本斯干正義誤于赤為云赤惠定宇又改云赤為曰赤而淺深反易矣不足据也

與之符會又尚書攷靈曜亦云東方皞天也赤天呂覽淮南皆作炎天初學記引此亦作炎天今不據改者以赤與朱雖相似而有深淺之不同易乾鑿度云易天子三公諸侯紱服皆同色困九二朱紱方來九五困于赤紱天子三公九卿皆朱紱諸侯赤紱康成注云謂朱赤為同色者其染法同以深淺為之差也如鄭言則赤深而朱淺南方盛陽故言赤西南少偏赤與白交而成朱非赤比矣赤與炎篆形甚相近今故不以彼文易此文且南方赤天固本之攷靈曜也初學記引此文南方曰炎

天西南方曰朱天西方曰成天西北方曰幽天北方曰玄天東北方曰變天前缺東方曰昊天東南方曰陽天後缺中央曰鈞天脱耳據此所引則廣雅本皆有曰字東南西南西北東北下亦皆有方字臧生鏞堂曰凡纂類之書删節元文者多若本書元無曰字方字徐堅胡為反增之今以方字尤當一例即從其說補入西方成天亦本攷靈曜之文取物皆成熟之義呂覽顥天說文顥白皃是亦以色言與東蒼北玄相配則南方彼文亦必作赤明矣高誘注呂覽與廣雅相合者云

東南木之季也將即太陽純乾用事故曰陽天西南火之季也為少陽故曰朱天西北金之季也將即太陰故曰幽天北方水之中也水黑色故曰玄天東北水之季也陰氣所盡陽氣所始萬物向生故曰變天鈞平也中央為四方主故曰鈞天

天圜闢南北二億三萬三千五百里七十五步東西短減四步周六億十萬七百里二十五步從地至天一〇周禮疏無一字億一萬六千七百八十七里半〇舊本脫下度地之厚與天高等

錢大昭曰淮南地形訓禹乃使大章步自東極至於西極二億三萬三千五百里七十五步使豎亥步自北極至於南極二億三萬三千五百里七十五步此書所釋東西短減四步與淮南稍有未符或彼文傳寫有譌大略本之天文訓也以容率計之天圜闢二億三萬三千五百里七十五步應天周六億三十八萬八十六百六十四步八二三又一百一十三分之一東西短減四步得天周數六億三十八萬八千六百五十二步二五六又一百一十三分之七二

天度

周禮大司徒疏引此文天圜闢作天圜又八十七里作八十七里半今據補半字其餘皆同初學記所引五百里七十五步作五十七里二十五步又天去地之數作二億一萬六千七百八十一里半無下字數目字傳寫易譌當從周禮疏爲正但度地之厚與天高等則南北之經當與天地相準爲二億三萬三千五百七十五里此作七十五步周禮疏亦同頗難曉觀東西有短減將無南北亦有短減與

東方七宿七十五度南方七宿百一十二度西方七宿八十度北方七宿九十八度四分度之一四方凡三百六十五度四分度之一一度二千九百三十二里二十八宿閒相距積一百七萬九百一十三里徑三十五萬六千九百七十里

宿度

此所紀宿度乃赤道度也漢書律志角十二亢九氐十五房五心五尾十八箕十一是爲東七十五度井三十三鬼四柳十五星七張十八翼十八軫十七是爲南百一十二度奎十六婁十二胃十四

昴十一畢十六觜二參九是爲西八十度斗二十六牛八女十二虛十危十七營室十六壁九是爲北九十八度續漢書律志此下有四分一是也斗二十六之下有此餘分嘉定錢詹事大昕云當有三百八十五分六字蓋即四分度之一也前志以東北西南爲次續志以北西南東爲次今併續志所載黃道度錄之於此斗二十四一進牛七女十一虛十危十六室十八壁十是北方九十六度四分一奎十七婁十二胃十五昴十二畢十六觜三參八是西方八十三度井三十鬼四柳十四星七張十七翼十九軫十八是南方百九度角十三亢十氐十六房五

心五尾十八箕十是東方七十七度右黄道度三百六十五度四分一也周禮疏引此度之里數亦相同禮記月令正義引尚書考靈耀之文則度尚有餘分云千四百六十一分里之三百四十八孔穎達云周天百七萬一千里者是天圓周之里數也以圍三徑一言之則直徑三十五萬七千里此爲二十八宿周回直徑之數也然二十八宿之外上下東西各有萬五千里是爲四遊之極謂之四表據四表之内并星宿内總有三十八萬七千里然則天之中央上下正半之處則一十九萬三千

錢大昭曰舊本徑三十五萬六千九百七十下脱一字周禮大司徒疏引此文亦脱劉昭注郡國志引帝王世紀與此同唯多一字今據補正

五百里地在其中是地去天之數也

東北方〇舊本東北東南下獨闕方字今案當與下西南西北一例補之條風東方明庶風東南方清明風南方景風西南方涼風西方閶闔風西北方不周風北方廣莫風

八風

此易通卦驗之文見初學記左氏隱五年傳亦引之淮南天文訓亦同易緯云立春條風至春分明庶風至立夏清明風至夏至景風至立秋涼風至秋分閶闔風至立冬不周風至冬至廣莫風至宋均注條風者條達萬物之風左傳正義作調或亦

廣雅 九

可通用也呂氏有始覽説八風不同東北曰焱風音豔東方曰滔風東南曰熏風南方曰巨風西南曰淒風西方曰飂風初學記引作飈譌從三火西北曰厲風北方曰寒風焱風今本作炎風高誘注一曰融風巨風一曰凱風

昌光握譽可錯持勝履子

祥氣

右五氣唯昌光見晉隋天文志瑞氣條下云赤如龍狀御覽八百七十二載符瑞圖曰昌光者瑞光也見於天漢高受命昌光出軫握譽疑卽含譽餘皆未

詳

格乎格擇宅旬始倍○即倍字譎天狗枉矢氛祲子枕冠珥

祅氣

史記天官書格澤星者索隱格澤如字一音鶴鐸如炎火之狀黃白起地而上下大上兌其見也不種而穫不有土功必有大害漢書天文志作客旬始出於北斗旁狀如雄雞其怒青黑象伏鼈天狗狀如火奔星有聲其下止地類狗所墮及炎火漢書無炎火二字集解同望之如火光炎炎衝天索隱炎音豔漢書衝作中其下圜如數頃田處上兌者漢書作上銳見則有黃色千里破軍殺將枉矢類大

流星虵行而倉黑望之如有毛羽然漢書羽作目呂氏春秋明理篇其日有鬭蝕有倍僪有暈珥高誘注倍僪暈珥皆日旁之危氣也在兩旁反出爲背在上反出爲僪在上內向爲冠兩旁內向爲珥倍讀漢書天文志作背穴顏師古注引孟康曰背形如背當作北字也穴多作鐍其形如玉鐍也如淳曰凡氣在日上爲冠爲戴在旁直對爲珥在旁如半環向日爲抱向外爲背有氣刺日爲鐍鐍抉傷也依此二解則僪字當作鐍晉語　一獻公田見翟柤之氛韋昭注氛祲氣凶象也凶曰氛吉曰祥左氏昭

十五年傳梓愼曰吾見赤黑之祲非祭祥也喪氛也杜預注祲妖氛也氛惡氣也釋名氛粉也潤氣著艸木因寒凍凝色白若粉之形也此乃霿淞非氛之正解祲侵也赤黑之氣相侵也周禮春官眡祲掌十煇之法以觀妖祥辨吉凶一曰祲鄭司農云祲陰陽氣相侵也又四曰監康成注云監冠珥也賈疏云謂有赤雲氣在日旁如冠耳珥卽耳也今人猶謂之曰珥釋名珥耳也言似人耳之在兩旁也

赤霄濛莫孔澒乎孔朝霞正陽淪倫陰沆乎朗瀣乎戒列缺倒景

常氣

玉篇霄雲氣也廣韻近天氣也淮南人閒訓鴻鵠背負青天膺摩赤霄高誘注赤霄飛雲御覽一引三五歷紀曰未有天地之時混沌狀如雞子溟涬始牙濛（莫孔切）鴻（胡孔切）滋萌歲在攝提元氣肇始淮南精神訓古未有天地之時惟像無形窈窈冥冥芒芠漠閔澒濛鴻洞莫知其門高誘注芒讀王莽之莽芠讀抆搣之抆澒讀項羽之項鴻讀子贛之贛洞讀同游之同皆未成形之氣也孝經援神契天度濛澒宋均注濛澒未分之象也楚辭遠遊滄

六氣而飲沆瀣兮漱正陽而含朝霞王逸注引陵陽子明經言春食朝霞朝霞者日始欲出赤黃氣也秋食淪陰淪陰者日没以後赤黃氣也冬飲沆瀣沆瀣者北方夜半氣也夏食正陽正陽者南方日中氣也廣雅舊本淪誤作渝下倫字是音亦誤作隃入正文今以此正之莊子逍遥遊御六氣之辯釋文引李頤云平旦爲朝霞日中爲正陽日入爲飛泉夜半爲沆瀣漢書司馬相如傳大人賦云貫列缺之倒景兮涉豐隆之滂濞顔師古注引應劭曰列缺天閃也人在天上下向視日月故景倒

在下也張揖曰陵陽子明經曰列鈌氣去地二千四百里倒景氣去地四千里其景皆倒在下也李善注文選揚子雲羽獵賦亦引應劭語云列鈌閃隙也漢書揚雄傳注又引作天隙電照也

一穀不升曰歉苦簟二穀不升曰饑三穀不升曰饉四穀不升曰㱂康五穀不升曰大侵

灾氣

春秋襄二十四年經冬大饑穀梁傳五穀不升爲大饑下文並與此同唯歉作嗛㱂作康並通用何休注升成也嗛不足貌康虛侵傷也楊士勛疏大

侵者大饑之異名通而言之正是一物徐邈云有死者曰大饑無死者曰大侵何休云有死者曰大饑無死者曰饑兹以意言之與穀梁異也韓詩外傳八亦有此文彼歉作饉同歉作荒爾雅釋詁云漮虛也釋文引郭云漮本或作荒是歉荒亦同也說文歉飢虛也又穀梁云大侵之禮君食不兼味臺榭不塗弛侯廷道不除百官布外傳作補而不制鬼神禱而不祀此大侵之禮也

蒼曰靈威仰赤曰赤熛○熛同怒黃曰含樞紐白曰白招矩黑曰叶光紀

廣雅 十三

五帝號

周禮大宗伯疏云案春秋緯運斗樞云大微宮有五帝座星卽春秋緯文耀鉤云春起青受制其名靈威仰夏起赤受制其名赤熛怒秋起白受制其名白招拒冬起黑受制其名叶光紀季夏六月土受制土本作火譌其名含樞紐穀梁僖卅一年傳疏亦引文耀鉤云蒼帝春受制其名靈威仰云云黃帝受制王四季其名含樞紐又叶作汁案拒矩叶汁皆通用五帝亦謂之五精之帝見禮記月令注王者五德相嬗各以其行之所生爲感生帝故毛詩

箋以叶光紀爲殷感生帝靈威仰爲周感生帝魯亦得祭感生帝不得祭昊天上帝也

立春春分東從青道二出黄道東交於房二度中立夏夏至南從赤道二出黄道南交於七星四度中立秋秋分西從白道二出黄道西交於胃十二度中立冬冬至北從黑道二出黄道北交於虚二度中四季之月還從黄道

月行九道

漢書天文志月有九行者黑道二出黄道北赤道二出黄道南白道二出黄道西青道二出黄道東

立春春分月東從青道立秋秋分西從白道立冬冬至北從黑道立夏夏至南從赤道然用之一決房中道周禮馮相氏疏亦作房中無道字朱子文云當作於中道殆未必然青赤出陽道白黑出陰道若月失節度而妄行出陽道則旱風出陰道則陰雨左氏昭廿一年傳正義云日月異道互相交錯月之一周必半在日道裏從外而入內也半在日道表從內而出外也或六入七出或七入六出凡十三出入而與日一會歷家謂之交道通而計之一百七十一日有餘而有一交交在望前朔則日食望則月食交在望後望則月

食後月朔則日食此自然之常數也錢氏大昕云月道與黄道相交正交從黄道北出黄道南古謂之陽歷中交從黄道南入黄道北古謂之陰歷凡二十七日有奇而月行之出入一終錢氏塘云九道固即交道而交道似有二種月與日交而有交食即昭廿一年正義所言是也九道與宿度交則爲八節即漢志所説是也古節氣有常度月行有常率大抵十九歲而九道小終千五百廿歲而大終與交食無預也廣雅所説宿度未知何據

正月不溫七月不凉二月不風八月雷不藏三月風

不衰九月無降霜四月雷不見十月蟄蟲行五月陽暑不蔡十一月不合凍六月浮雲不布十二月草不喪七月白露不降正月有微霜八月浮雲不歸二月雷不行九月物不凋彫三月草木傷十月流火不定四月蚰蟲不育十一月寒不降五月雨雹十二月萌類不見六月五穀不實

月衡

此天地盈虛消息之常理有太過則必有所不及矣此古者占歲之語皆與韻叶蚰蟲卽昆蟲亦作蜫字淮南時則訓正月失政七月涼風不至二月

失政八月雷不藏三月失政九月不下霜四月失政十月不凍五月失政十一月蟄蟲冬出其鄉六月失政十二月草木不脱七月失政正月大寒不解八月失政二月雷不發九月失政三月春風不濟十月失政四月草木不實十一月失政五月下雹霜十二月失政六月五穀疾狂高誘注不脱葉槁著樹不零落也濟止也實長也疾狂不華而實也案淮南與此書略有異同此以天道言淮南則主人事言也

日月五星行黄道始營室東壁奎婁胃之陽入昴畢

閒行觜觿參之陰度東井輿鬼行柳七星張翼軫之陰入角亢○舊脫亢字今補閒貫氏○即氐字房出心尾箕之陰入斗牽牛閒行須女虛危之陽復至營室

七燿○當作曜行道

周禮馮相氏疏引星備云明王在上則日月五星皆乘黃道又云黃道占曰天道有三黃道者日月五星所乘問曰案鄭駁異義云三光考靈耀書云日道出于列宿之外萬有餘里五星則差在其內何得謂與日同乘黃道又曰何得在婁角牽牛東井乎答曰黃道數寬廣雖差在內猶不離黃道或

可以上下爲外內案黃道內外分陰陽說已見上古者以十一月甲子朔旦冬至爲歷元日月在建星建星近斗斗有二十六度度數稀闊故舉建星以明之秦雖亥正而歷用顓頊顓頊與夏皆首寅爲人正故禮記月令孟春之月日在營室此書所以亦從營室始也三統歷立春日在危十六度又歷一度而始至營室元嘉歷立春日在危三度正月中日始在室一度至唐月令孟春之月日在虛矣歷術有歲差蓋不能執營室以爲常也

山神謂之离勑支河伯謂之馮夷江神謂之奇相物神

謂之鬼土神謂之羵墳羊水神謂之冈爲○即罔象木神謂之畢方火神謂之游光金神謂之清明

異祥○猶異氣也

离說文作禼云山神獸也亦作螭魑史記五帝本紀集解引服虔曰螭魅人面獸身四足好惑人山林異氣所生亦作離周本紀如豺如離徐廣曰此訓與螭同海內北經從極之淵水經注引從極作中極深三百仞維冰夷恒都焉冰夷人面乘兩龍郭璞注冰夷馮夷也淮南云馮夷得道以潛大淵今本作大川即河伯也穆天子傳一所謂河內無夷者竹書作馮

馮夷又作馮遲大昕案古書夷與遲多通用詩周道倭遲韓詩作郁夷可以棲遲漢碑作徲侇陵遲即陵夷也

夷字或作冰也楚辭九歌河伯洪興祖補注云馮夷淮南又作馮遲高注原道訓云夷或作遲抱朴子釋鬼篇云馮夷以八月上庚日渡河溺死天帝署為河伯清泠傳云馮夷華陰潼鄉隄首人也服八石得水仙是為河伯博物志云昔夏禹觀河見長人魚身出曰吾河精豈河伯也馮夷得道成仙化為河伯道豈同哉文選郭景純江賦奇相得道而宅神李善引廣雅為注禮記祭法人死曰鬼又祭義氣也者神之盛也魄也者鬼之盛也合鬼與神教之至也眾生必死死必歸土此

之謂鬼骨肉斃于下陰為野土其氣發揚于上爲昭明焄蒿悽愴此百物之精也神之著也因物之精制為之極明命鬼神以為黔首則百衆以畏萬民以服爾雅釋訓鬼之爲言歸也左氏昭七年傳子産曰鬼有所歸乃不爲厲魯語下木石之怪曰夔蝄蜽水之怪曰龍罔象土之怪曰墳羊韋昭注龍神獸也非常見故曰怪或曰罔象食人一名沐腫唐固云墳羊雌雄未成者也左氏宣三年傳正義引魯語作夔罔兩賈逵云罔兩罔象言有夔龍之形而無實體今此作

羵羊罔象字亦同也淮南氾論訓水生罔象木生畢方井生墳羊高誘注畢方狀如鳥青色赤脚一足不食五穀似依山海經爲説業西山經章莪之山有鳥焉其狀如鶴一足赤文青質而白喙名曰畢方其鳴自叫也見則其邑有譌火疑非木之精也後漢馬融傳廣成頌云捎罔兩拂游光章懷注游光神也文選張平子東京賦殪野仲而殲游光李善注野仲游光惡鬼也兄弟八人常在人閒作怪害金色白故其神

曰清明

朱明曜靈東君日也夜光謂之月

爾雅釋天夏爲朱明郭璞注氣赤而光明廣雅以爲日者日火氣之精也故亦以名之楚辭天問角宿未旦曜靈安臧王逸注曜靈日也言東方未明旦之時日安所藏其精光乎皇甫謐年歷云日者衆陽之宗陽精外發故日以晝明名曰曜靈見藝文類聚 九歌東君暾將出兮東方照吾檻兮扶桑王逸注謂日始出東方其容暾暾而盛大也漢書郊祀志晉巫祠五帝東君雲中君顔師古注東君日也藝文類聚引廣雅日名朱明一名曜靈一名東君

又有一名大明亦名陽烏二語初學記亦有之疑此脱也禮記禮器大明生於東月生於西鄭注大明日也又月令正義引釋名云日實也大明盛實今書大明作光明五經通義云日中有三足烏見藝文類聚淮南子精神訓日中有踆烏高誘注云踆猶蹲也謂三足烏春秋元命包云陽數起於一成於二故日中有三足烏又天問云夜光何德死則又有王逸注夜光月也洪興祖引皇甫謐云月以宵曜名曰夜光

天河謂之天漢

大戴禮夏小正七月漢案戶傳曰漢也者天漢也本作河也官本據文選西征賦月賦李善注改案戶者直戶也言正南北也左氏昭十七年傳有星孛于大辰西及漢賈逵解曰天漢水也或曰天河見御覽八

震霣于憖靁追雷也雲運也雨渠俱雨也

易繫辭傳震爲雷說文震辟歷振物者春秋僖十五年經震伯夷之廟杜預注震者雷電繫之說文霣雨也齊人謂靁爲霣玉篇霣雷起出雨也靁雷也廣韻靁雷也出韓詩雲舊本作霠譌字書無之春秋說題辭云雲之爲言運也動陰路觸石而起

謂之雲合陽而起以精運也見初學記說文雲通作云釋名雲猶云云衆盛意也又言運也運行也雨之爲渠其義未詳釋名雨羽也如鳥羽動則散也今本如此初學記又引云雨水從雲下也雨者輔也言輔時生養

晷柱景也

柱者表也周禮大司徒以土圭之灋測土深正日景以求地中疏云玉人職土圭尺有五寸夏日至晝漏半表北得尺五寸景正與土圭等即地之中也周公度日景之時置五表五表者於潁川陽城

置一表爲中表中表南千里又置一表中表北千里又置一表中表東千里又置一表中表西千里又置一表千里差一寸又馮相氏疏引易通卦驗云冬至之日立八神樹八尺之表鄭康成注云神讀如引言八引者樹杙於地四維四中引繩以正之故因名之曰引立表者先正方面於視日審矣通卦驗又云日中視其晷晷如度者其歲美人民和順晷不如度者則歲惡人民多譌言政令爲之不平晷進則水晷退則旱柱景亦作景柱淮南俶眞訓以鴻濛爲景柱高注云鴻濛東方之野故以

爲景柱景陶宏景始改爲影

風師謂之飛廉雨師謂之荓蒲形翳雲師謂之豐隆

楚辭離騷後飛廉使奔屬王逸注飛廉風伯也漢書武帝紀元封二年作長安飛廉館應劭曰飛廉神禽能致風氣者也晉灼云身似鹿頭如爵有角而蛇尾文如豹文飛一作蜚同荓翳呂氏春秋作屛翳初學記引今書未見郭璞注海外東經雨師妾云雨師謂屛翳史記司馬相如傳大人賦云召屛翳誅風伯而刑雨師正義引韋昭云屛翳雷師也與此異蓋望文爲說也周禮大宗伯以槱燎祀飌師雨師

鄭注風師箕也雨師畢也風俗通爲申之云箕主簸揚能致風風氣易巽爲長女長者伯故曰風伯春秋傳說共工之子爲玄冥師案昭廿九年傳少皞有四叔脩及熙爲玄冥　鄭大夫子產禳於玄冥見昭十八年傳雨師也謹案師者衆也雷震百里風亦如之至於太山不崇朝而徧雨天下其德散大故雨獨稱師也離騷吾令豐隆乘雲王逸注豐隆雲師一曰雷師大人賦涉豐隆之滂濞應劭云雲師玉篇豐隆雷師俗作靊霳案洪興祖楚辭補注云九歌雲中君注云雲神豐隆五臣曰雲神屛翳按豐隆或曰雲師或曰雷師

屏翳或曰雲師或曰雨師或曰風師歸藏云豐隆筮雲氣而告之則雲師也穆天子傳二云天子升昆崙封豐隆之葬郭璞云豐隆筮御雲得大壯卦遂爲雷師淮南子三曰季春三月豐隆乃出以將其雨張衡思玄賦云豐隆軯其震霆雲師黮以交集則豐隆雷也雲師屏翳也天問曰蓱號起雨則屏翳雨師也洛神賦云屏翳收風則風師也又周官有飌師雨師淮南子云雨師灑道風伯掃塵說者以爲箕畢二星列仙傳云赤松子神農時爲雨師風俗通云玄冥爲雨師其說不同據楚詞則以豐

廣雅 廿三

隆爲雲師飛廉爲風伯屏翳爲雨師耳臧生鏞堂云古人命名之義亦有可推而知者風師爲飛廉洵無疑矣若屏翳則當從五臣注文選作雲神屏障也翳曀也大人賦云召屏翳誅風伯刑雨師則屏翳非風師雨師明矣豐隆象雷聲故雷師爲豐隆離騷豐隆乘雲雲非即雲也思玄賦云豐隆軒其震霆又云雲師䨴以交集更爲明析廣雅之說未盡可從疑亦當取衆說之善者以舉正之

日御謂之羲和月御謂之望舒

離騷吾令羲和弭節兮王注云羲和日御也弭按也大荒南經云東南海之外甘水之閒有羲和之國有女子名曰羲和爲帝俊之妻是生十日常日浴于甘淵參用初學記文郭注云羲和蓋天地始生主日

月者也故堯因此而立羲和之官以主四時生十日言生十子各以日名名之案此説差近正而初學記所引則云羲和能生日也故日爲羲和之子則太荒幻難信矣初學記引淮南子云月一名夜光月御曰望舒亦曰纖阿望舒纖阿不見淮南離騷前望舒使先驅王逸注月御也揚雄羽獵賦望舒彌轡張衡歸田賦曜靈俄景繼以望舒注竝依此爲説史記司馬相如傳纖阿爲御索隱引服虔曰纖阿爲月御是望舒亦曰纖阿也

青龍太一太陰太歲也

淮南天文訓天神之貴者莫貴於青龍或曰天一或曰太陰太陰所居不可背而可鄉周禮馮相氏鄭注云歲謂太歲歲星與日同次之月斗所建之辰樂記也樂緯說歲星與日常應太歲月建以見然則今歷太歲非此也賈疏云太歲左行於地行於十二辰一歲移一辰者也與天上歲星相應而行歲星爲陽右行於天一歲移一辰又分前辰爲一百四十四分而侵一分則一百四十四年跳一辰十二辰帀則總有千七百二十八年十二跳辰帀歲左行於地一與歲星跳辰年數同此則服虔注

春秋龍度天門是也以歲木在東方謂之龍以辰爲天門故以歲星跳辰爲龍度天門也歲星爲陽人之所見太歲爲陰人所不覩故舉歲星以表太歲史記天官書索隱引叶圖徵云北極天一太一宋均云天一太一北極神之别名淮南天文訓太陰在四仲則歲星行三宿太陰在四鉤則歲星行二宿二八十六三四十二故十二歲而行二十八宿高注云仲中也四中謂太陰在卯酉子午四面之中也丑鉤辰申鉤巳寅鉤亥未鉤戌謂太陰在四角

甲乙爲幹幹者日之神也寅卯爲枝枝者月之靈也甲剛乙柔丙剛丁柔戊剛己柔庚剛辛柔壬剛癸柔白虎通姓名篇甲乙者幹也子丑者枝也幹亦作干十干亦謂之十日枝亦作支十二支亦謂之十二辰禮記曲禮上外事以剛日鄭注云順其出爲陽也出郊爲外事春秋傳曰甲午祠兵又云内事以柔日注云順其居内爲陰正義云外事郊外之事也剛奇日也十日有五奇五偶甲丙戊庚壬五奇爲剛也外事剛義故用剛日也内事郊内之事也乙丁己辛癸五偶爲柔也然則郊天是國外之

事應用剛日而郊特牲云郊之用辛非剛也又社稷是郊內應用柔日而郊特牲云凡社日用甲非柔也所以然者郊社尊不敢同外內之義故也又月令孟春天子乃以元日祈穀于上帝鄭注云謂以上辛郊祭天也又云乃擇元辰躬耕帝籍注云元辰蓋郊後吉亥也正義云盧植蔡邕竝云郊天是陽故用日耕籍是陰故用辰

甲齊乙東夷丙楚丁南夷戊魏己韓庚秦辛西夷壬衛癸北狄

見淮南天文訓唯癸北狄作癸越漢書天文志壬

燕趙癸北夷餘同

子周丑狄寅楚卯鄭辰晉巳衛午秦未宋申齊酉魯戌趙亥燕

亦見天文訓狄作翟漢書同漢書作辰邯鄲未中山戌吳越亥燕代餘同

角亢鄭氐房心宋尾箕燕斗牽牛淮南此下有越字案當在吳下須女吳虛危齊營室東壁衛奎婁魯胃昴畢趙觜參魏淮南趙魏互易譌東井輿鬼秦柳七星張周翼軫楚

亦見天文訓案周禮保章氏以星土辨九州之地所封封域皆有分星分扶問反下同以觀妖祥鄭注大界

則曰九州州中諸國中之封域於星亦有分焉其書亡矣堪輿雖有郡國所入度非古數也今其存可言者十二次之分也星紀吳越也玄枵齊也娵訾衛也降婁魯也大梁趙也實沈晉也鶉首秦也鶉火周也鶉尾楚也壽星鄭也大火宋也析木燕也疏云吳越在南齊魯在東今分星本作歲星譌或北或西不依國地所在者此古之受封之日歲星所在之辰國屬焉故也吳越二國同次者亦謂同年度受封故同次也案賈氏所說亦未可信疇人相傳要必有所從受故晉書天文志又載州郡躔次

云陳卓范蠡鬼谷先生張良諸葛亮譙周京房張衡竝云角亢氐鄭兗州東郡入角一度東平任城山陽入角六度泰山入角十二度濟北陳留入亢五度濟陰入氐一度東平入氐七度房心宋豫州潁川入房一度汝南入房二度沛郡入房四度梁國入房五度淮陽入心一度魯國入心三度楚國入房四度尾箕燕幽州涼州入箕中十度上谷入尾一度漁陽入尾三度右北平入尾七度西河上郡北地遼西東入尾十度涿郡入尾十六度渤海入箕一度樂浪入箕三度玄菟入箕六度廣陽入

事應用剛日而郊特牲云郊之用辛非剛也又社稷是郊內應用柔日而郊特牲云凡社日用甲非柔也所以然者郊社尊不敢同外內之義故也又月令孟春天子乃以元日祈穀于上帝鄭注云謂以上辛郊祭天也又云乃擇元辰躬耕帝籍注云元辰蓋郊後吉亥也正義云盧植蔡邕竝云郊天是陽故用日耕籍是陰故用辰

甲齊乙東夷丙楚丁南夷戊魏己韓庚秦辛西夷壬衛癸北狄

見淮南天文訓唯癸北狄作癸越漢書天文志壬

胃魯徐州東海入奎一度琅邪入奎六度高密入婁一度城陽入婁九度膠東入胃一度昴畢趙冀州魏郡入昴一度鉅鹿入昴三度常山入昴五度廣平入昴七度中山入昴一度清河入昴九度信都入畢三度趙郡入畢八度安平入畢四度河間入畢十度眞定入畢十三度觜參魏益州廣漢入觜一度越巂入觜三度蜀郡入參一度犍爲入參三度牂柯入參五度巴郡入參八度漢中入參九度益州入參七度東井輿鬼秦雍州雲中入東井一度定襄入東井八度鴈門入東井十六度代郡

适當作邁

入東井二十八度太原入東井二十九度上黨入輿鬼二度柳七星張周三輔弘農入柳一度河南入七星三度河東入張一度河南入張九度翼軫楚荆州南陽入翼六度南郡入翼十度江夏入翼十二度零陵入軫十一度桂陽入軫六度武陵入軫十度長沙入軫十六度洪邁容齋隨筆亦謂其不可曉姑以廣異聞耳錢氏塘云湯伐桀歲星在大火武王伐紂歲星在鶉火則十二次主十二國亦其類歟但此是甘石家言故有三晉國名要之其術當本占驗

北斗七星一爲樞二爲旋三爲機四爲權五爲衡六爲開陽七爲摇光樞爲雍州旋爲冀州機爲青兖州權爲徐揚州衡爲荆州開陽爲梁州摇光爲豫州此言北斗七星乃春秋運斗樞之文又云第一至第四爲魁第五至第七爲標亦作杓同見禮記曲禮上正義而周禮保章氏疏引春秋文耀鉤之文則北斗七星主九州與此不同云布度定記分州繫象華岐以西龍門積石至三危之野雍州屬魁星太行以東至碣石王屋砥柱冀州屬樞星三河雷澤東至海岱以北兖州青州屬機星蒙山以東至南

錢大昕案文耀鉤言雍屬魁冀屬樞而此篇雍屬樞冀屬旋不同者魁是第一至第四總名不得專屬雍疑彼誤也

江會稽震澤徐揚之州屬權星大別以東至雷澤九江荆州屬衡星荆山西南至岷山北嶇鳥鼠梁州屬開星外方熊耳以至泗水陪尾豫州屬摇星此九州屬北斗星有七州有九但兗青徐揚幷屬二州故七星主九州也

歲星謂之重星或謂之應星木宿也營惑謂之罰星或謂之執法火宿也鎭星謂之地候土宿也太白謂之長庚或謂之大囂金宿也晨見東方爲啓明昏見西方爲長庚辰星謂之○本有鉤星二字與下複係衍文今刪兔星或謂之鉤星水星宿也

此五緯之異名也史記天官書歲星一曰攝提曰

重華曰應星曰紀星張衡云歲星者東方之精蒼帝之子一名重華一名應星此云重星疑字誤也營惑亦作熒惑呂氏春秋制樂篇熒惑者天罰也張衡云熒惑爲執法之星填星黄帝之子女主之象也一名地候太白者白帝之子一名大政一名官星一名明堂一名文表一名太皞一名終星一名天相一名天浩一名序星一名梁星一名威星一名大囂一名大爽辰星一名句星一名爨星一名伺星春秋元命苞蟾蜍陰精流星織女立地侯宋均注地侯鎮星別名也太平御覽五引天官書免過太

白閒可棫𠢐索隱云廣雅辰星謂之免星則辰星之別名免或作毚也又免七命曰小正辰星天毚安周星細爽能星鉤星索隱云免星凡有七名命者名也小正一也辰星二也天欃三也安周星四也細爽五也能星六也鉤星七也正義云漢書云辰星過太白閒可棫𠢐明廣雅是也

大角謂之棟星天宮謂之參旗太一謂之紫宮○舊鈌太一謂之四字今補參伐謂之大辰太微謂之明堂須女謂之婺女參謂之實沈昴謂之旄頭東井謂之鶉首張謂之鶉尾軫謂之鳥帑營室謂之豕韋北辰謂之大帝

原本北辰謂之天堂 大昕疑天堂即天皇之譌

○舊作大堂譌天淵謂之紐兹妃星謂之大當天淵謂之三淵軒轅謂之路寢輿鬼謂之天廟

星

史記天官書大角者天王帝廷索隱案孝經援神契云大角爲坐候宋均云坐帝坐也此云棟星他書未有言者天官書參其西有句曲九星三處羅一曰天旗二曰天苑三曰九游正義云參旗九星在參西天旗也指麾遠近以從命者此云天宮豈即天苑歟淮南天文訓紫宮者太一之居也天官書中宮今本俱作中宮案索隱引春秋元命苞官之爲言宣也作此下注則當爲官明矣東

西南北等竝同天極星其一明者太一常居也旁三星三公或曰子屬後句四星末大星正妃餘三星后妃之屬也環之匡衛二星藩臣皆曰十紫宮索隱又引元命包云紫之言此宮之言中言天神運動陰陽開閉皆在此中周禮大宗伯疏亦引元命包云旁兩星巨辰子位故爲北辰以起節度亦爲紫微宮又云紫微宮爲大帝其天神運動作天神圖法當是也天官書又云參爲白虎三星直者是爲衡石下有三星兌曰罰爲斬艾事正義罰亦作伐春秋運斗樞云參伐主斬艾事考工記熊旗六斿以

廣雅　廿一

象伐也鄭注伐屬白虎宿與參連體而六星公羊昭十七年傳大火爲大辰伐爲大辰何注云伐謂參伐也大火與伐天所以示民時早晚天下所取正故謂之大辰辰時也天文訓太微者太一之庭也周禮大宗伯疏引元命包云大微爲天庭穀梁僖卅一年傳疏所引亦同天官書東官蒼龍房心心爲明堂索隱引春秋説題辭云天王布政之宫何注公羊昭十七年傳亦云心者天子明堂布政之宫又房爲天府其陰右驂東北曲十二星曰旗此上云天宫謂之參旗豈亦可以此當之歟天官

書婺女索隱引廣雅云須女謂之務女務一作婺葢卽此文而俗閒史記本多誤作爾雅正義云須女四星亦名婺女天少府也須女賤妾之稱左氏昭元年傳子產曰昔高辛氏有二子季曰實沈遷于大夏主參唐人是因故參爲晉星晉語四董因曰實沈之虛晉人是因韋昭注自畢十二度至東井十五度曰實沈天官書昴曰旄頭胡星也昴畢閒爲天街其陰陰國陽陽國胡貊月氏諸衣旃裘引弓之民爲陰占於街北昴主之漢書地理志自井十度至柳三度謂之鶉首之次秦之分也自柳

三度至張十二度謂之鶉火之次周之分也漢元年十月五星聚于東井沛公至霸上此則東井爲鶉首也晉語四子犯曰歲在壽星及鶉尾其有此土乎謂五鹿韋昭注自張十七度至軫十一度爲鶉尾之次案星度各家所説不同劉昭注續漢書郡國志引帝王世紀云自井十六度至柳八度曰鶉首之次自柳九度至張十七度曰鶉火之次自張十八度至軫十一度曰鶉尾之次左氏襄廿八年傳裨竈曰今兹周王及楚子皆將死歲棄其次而旅於明年之次以害鳥帑周楚惡之杜預注歲星失次於北禍衡在南南爲朱鳥鳥尾曰帑正義云帑者細弱之名於人則妻子爲帑於

鳥則鳥尾曰帑鶉火周分鶉尾楚分故周王楚子
受其咎也又昭七年傳士文伯言日食去衛地如
魯地杜注衛地豕韋也魯地降婁也正義云娵訾
衛也娵訾之次一名豕韋三統歷娵訾初日在危
十六度立春節在營室十四度雨水中終於奎四
度也故謂營室謂之豕韋也爾雅北極謂之北辰
周禮大宗伯疏引春秋文耀鉤云中宮大帝其北
極星下一明者爲太一之先含元氣以斗布常是
天皇大帝之號也鄭云天皇北辰耀魄寶又云昊
天上帝又名大一以其尊大故有數名也天淵謂

之紐茲他書無所見且不應與下天淵文不聯屬
故疑爲後人所妄竄也妃星即天極星後句四星
末大星正妃索隱引援神契云辰極橫后妃四星
從端大妃光明大當舊譌作天堂案樂汁圖徵云
大當正妃也注大當句陳末火星也太平御覽六引天官
書西官曰咸池曰天五潢五潢五帝車舍漢書天
文志有星守三淵天下大水三淵蓋五車之三柱
也天文訓咸池者水魚之囿也而丹元子步天歌
於斗下云天淵十星鼈東邊鄭樵通志云一曰天
海主溉灌疑非此天淵也天官書權軒轅軒轅黃

龍體前大星女主衆旁小星御者後宮屬索隱引援神契云軒轅十二星后宮所居是爲人君之正寢故此謂之路寢天官書輿鬼鬼祠事故此以爲天廟張衡則以爲天目主視明察姦謀周語上曰月底于天廟則營室也非此天廟

圜丘太壇祭天也方澤大坎祭地也大昭祭四時也坎壇祭寒暑也王宮祭日也夜明祭月也幽禜祭星也雩禜祭水旱也四坎壇祭四方也廟祧壇墠鬼祭先祖也

祀處

祀天圜丘亦作圓丘祭地方丘見周禮春官大司樂章賈疏云言圜丘者案爾雅土之高者曰丘取自然之丘圜者象天圜既取丘之自然則未必要在郊無問東西與南北方皆可地言澤中方丘者因高以事天故於地上因下以事地故於澤中取方丘者水鍾曰澤不可以水中設祭故亦取自然之方丘象地方故也禮記祭法燔柴於泰壇祭天也瘞埋於泰折祭地也鄭注云壇折封土爲祭處也壇之言坦也坦明貌也折昭晳也必爲昭明之名尊神也此大壇大坎及下大昭竝當讀大爲泰釋文

析之設反舊音逝又音制方丘在澤中故亦名爲方澤韓昌黎外集明水賦或將祀圜丘于玄冬或將祭方澤于朱夏蓋本諸此大坎或亦當作大析歟大昭以下皆見祭法云埋少牢於泰昭祭時也相近鄭云當爲禳祈王肅讀爲祖迎非於坎壇祭寒暑也王宮祭日也夜明祭月也幽宗鄭云當作禜下同祭星也雩宗祭水旱也四坎壇祭四方也鄭注昭明也亦謂壇也時四時也亦謂陰陽之神也禳猶卻也祈求也寒暑不時則或禳之或祈之寒於坎暑於壇王宮日壇王君也日稱君宮壇營域也夜明亦謂月壇也

幽禜亦謂星壇也星以昏始見禜之言營也雩禜亦謂水旱壇也雩之言吁嗟也春秋傳曰日月星辰之神則雪霜風雨之不時於是乎禜之山川之神則水旱癘疫之不時於是乎禜之四方卽謂山林川谷丘陵之神也祭山林丘陵於壇川谷於坎每方各爲坎爲壇孔穎達正義案王肅聖證論用家語之文以此四時也寒暑也日也月也星也水旱也爲六宗孔注尚書亦同之祭法王立七廟一壇一墠去墠曰鬼諸侯立五廟一壇一墠去墠爲鬼大夫立三廟二壇去壇爲鬼適士二廟一壇去

壇爲鬼官師一廟曰考廟王考無廟而祭之去王考爲鬼庶士庶人無廟死曰鬼鄭注廟之言貌也宗廟者先祖之尊貌也祧之言超也超上去意也封土曰壇除地曰墠此云場亦除地之義與墠同也天子諸侯鬼之主亦在祧大夫以下鬼皆無主

⿰礻皆士駕⿰礻曹曹祽七外祱税⿰礻婁力侯臘祓禊乎計餟和税祼古奐軷步末⿱毳示毳⿰礻彭布庚祾力陵又登禖梅禪祧他聊醮子笑禬古外養○養疑望禨巨衣祥禫禱倒禜禳祭也

禮記禮運昔者仲尼與於蜡賓鄭注蜡亦祭宗廟釋文蜡字林作䄍郊特牲天子大蜡八伊耆氏始

廣雅　廿七

爲蜡蜡也者索也歲十二月合聚萬物而索饗之也蜡祭有八神先嗇一司嗇二農三郵表畷四猫虎五坊六水庸七昆蟲八玉篇禮豕祭也廣韻祭豕先也玉篇䄢子内切祭名廣韻子對切月祭名祱説文作餟小餟也餟祭酹也玉篇祱始鋭切引博雅云祭也餟始鋭力外二切又作䭸餟張芮切又餽也亦作醊説文呉人謂祭鬼曰餽廣韻餽郎外切音酹門祭集韻餽小祭也𥛩本作膢風俗通引韓子書山居谷汲者膢臘而遺水（俗本作買水譌韓非五蠹篇本作相遺以水）楚俗常以十二月祭飲食也又曰嘗新

始殺也食新曰貙膢當作貙膢漢書武帝紀太初二年令天下膢本有五字劉攽云衍日祠門户比臘如淳曰膢音樓漢儀注立秋貙膢伏儺曰膢音劉殺也續漢書禮儀志立秋之日武官肆兵習戰陣之儀斬牲之禮名曰貙劉祠先虞禮記月令孟冬之月臘先祖五祀鄭注謂以田臘所得禽祭也左氏僖五年傳宫之奇曰虞不臘矣杜注臘歲終祭衆神之名説文祓除惡祭也玉篇除災求福也詩大雅生民以弗無子箋云弗之言祓也正義引釋詁云祓福也孫炎曰祓除之福周語云祓除其心女巫云祓除

釁浴左傳云祓社釁鼓檀弓云巫先祓柩皆祓除凶惡玉篇又出⿰礻弗字云除殃祭也弗⿰礻弗與祓音義皆同風俗通禊者潔也春者蠢也蠢蠢摇動也尚書以殷仲春厥民析言人解析也二字依續漢志增療生疾之時故於水上釁潔之也續漢書禮儀志三月上己是戊己之己今人多以爲辰巳之巳官民皆絜古潔字於東流水上曰洗濯祓除去宿垢疢爲大絜絜者言陽氣布暢萬物訖出始絜之矣劉昭注謂之禊也初學記引韓詩章句曰鄭俗上巳溱洧兩水之上秉蘭祓除沈約宋書魏已後但用三日不復用巳也風俗

通又云已者祉也邪疾巳去祈介祉也案三月律中姑洗亦以始潔爲義玉篇祓子内切祭名亦作醊廣韻祓重祭醊亦祭也史記褚少孫補武帝本紀五帝獨有俎豆醴進其下四方地爲餟食索隱謂連續而祭之漢志作腏古字亦通說文祼灌祭也玉篇祼鬯告神也周禮大宗伯以肆獻祼享先王鄭注祼之言灌也灌以鬱鬯謂始獻尸求神時也詩生民取蕭祭脂取羝以軷傳云軷道祭也箋云軷之於行神之位蓋即七祀之行神也說文䄎數祭也讀若春麥爲䄎之䄎未詳玉篇又重祭也說

廣雅

艽

文鬃門内祭先祖所以徬徨詩曰祝祭于鬃鬃或从方作祊玉篇亦作𥛱今詩小雅楚茨作祝祭于祊傳云祊門内也箋云孝子不知神之所在故使祝博求之平生門内之旁待賓客之處爾雅釋宫閍謂之門閍即祊也禮記郊特牲直祭祝于主索祭祝于祊鄭注廟門外曰祊又云祊之禮宜於廟門外之西室鄭兩注不同者以記之祊對正祭是明日之名又記以祊之於東方爲失明在西方與繹俱在門外故禮器亦曰爲祊於外也玉篇祾祭名神靈之威福也葢取威棱爲義禮記月令仲春

之月玄鳥至至之日以太牢祠于高禖天子親往鄭注高辛氏之世玄鳥遺卵娀氏簡狄吞之而生契後王因以爲媒官嘉祥而立其祠焉變媒言禖神之也又曰后妃帥九嬪御乃禮天子所御帶以弓韣授以弓矢于高禖之前詩生民克禋克祀以弗無子傳云古者必立郊禖於商頌玄鳥亦作郊禖　正義引鄭志焦喬荅王權問云先契之時已自有禖氏祓除之祀位在南郊禋祀上帝也娀簡吞鳦有子之後後王以爲禖官嘉祥祀之以配帝謂之高禖蔡邕月令章句以高猶尊也禖猶媒也吉

事本作爭譌先見之象謂之人先正義謂此祭天不取人先之說說文禪祭天也玉篇禪祭名大戴禮保傅篇封泰山而禪梁甫盧辯注封謂負土石於泰山之陰為壇而祭天也禪謂除地於梁甫之陰為墠以祭地也變墠為禪禪之也祧即遷廟之祭義見前說文醮冠娶禮祭漢書郊祀志或言益州有金馬碧雞之神可醮而致玉篇有⿰礻焦字云祭名或作醮今之道流設壇祈禱亦謂之醮李商隱詩通靈夜醮達清晨是也說文禬會福祭也周禮天官女祝掌以時招梗禬禳之事鄭注除災害也禬禬

猶刮去也卻變異曰禳禳攘也養之爲祭當是事死如生之意說文養供養也今人尚謂祭爲供養亦古語也續漢禮儀志亦有五供之文錢氏大昕云是養字之誤玉篇餋金媛切祭也然此字曹憲不應無音豈脫漏歟廣韻餋與眷同紐祭名集韻餋俱願切常山謂祭曰餋書舜典望于山川傳云九州名山大川五岳四瀆之屬皆一時望祭之公羊僖卅一年傳天子有方望之事無所不通何休注方望謂郊時所望祭四方羣神日月星辰風伯雨師五嶽四瀆及餘山川凡三十六所又云諸侯

廣雅　四一

山川有不在其封内者則不祭也魯之三望祭大山河海賈逵注左氏兼有分野星服虔杜預皆同范甯解穀梁引鄭君曰望者祭山川之名禹貢徐州魯地當祭海岱淮左氏哀六年傳楚昭王曰三代命祀祭不越望江漢雎漳楚之望也列子説符篇楚人鬼而越人禨呂氏春秋異寶篇亦載之高誘注言荆人畏鬼神越人信吉凶之禨祥宲今吴越之俗凡小有疾疢俟人定後具酒食出門外而送致之亦古之遺風也禮記閒傳父母之喪期而小祥又期而大祥中月而禫又雜記下期之喪十

一月而練十三月而祥十五月而禫祥祥祭也禫
禫祭也古者祥祭卜日今但用忌日檀弓上顏淵
之喪饋祥肉明祥有祭也三年之喪二十五月而
畢三年問文中月而禫間一月也王肅則祥禫同月不
從康成異月之說今則從鄭不從王也說文禬告
事求福也或省作禜設緜蕝爲營以禳風雨雪
霜水旱癘疫於日月星辰山川也一曰禜衛使災
不生周禮春官大祝掌六祈三曰禬四曰禜鄭司
農引春秋傳左氏昭元年傳文已見前康成謂禜如日食以朱
絲禜社公羊莊廿五年傳文案此以禜爲祭則當從左氏說

也說文磔禳祀除病殃也古者燧人禜子所造月令季春九門磔攘以畢春氣鄭注引王居明堂禮曰季春出疫于郊以攘春氣釋文禳本又作攘左氏昭十八年傳鄭禳火于玄冥回祿中山經平逢之山有神焉其祠之用一雄雞攘而弗殺郭注攘亦祭名謂攘却惡氣也

臘索也夏曰清祀殷曰嘉平周曰大䄍秦曰臘

風俗通謹案禮傳夏曰嘉平殷曰清祀周曰大蜡漢改為臘臘者獵也言田獵取獸以祭祀其先祖也或曰臘者接也新故交接狎獵此二字據御覽三十三增大

祭以報功也蔡邕獨斷載四代臘之別名亦與風俗通同夏與殷之名俱互易禮記月令正義引獨斷初學記引風俗通則與廣雅之文無異史記秦始皇本紀索隱引廣雅秦曰臘作亦曰臘餘竝同是則今本風俗通獨斷皆傳録誤其云秦曰臘者案史記秦本紀惠文君十二年初臘正義云十二月獵日也秦惠文王始效中國爲之故云初臘獵禽獸以歲終祭先祖因立此日也禮記月令孟冬臘先祖五祀鄭注云此周禮所謂蜡祭也又郊特牲云蜡也者索也歲十二月合聚萬物而索饗之

也鄭注周之正數謂建亥之月也又黃衣黃冠而祭息田夫也鄭注謂既蜡臘先祖五祀也於是勞農以休息之又既蜡而收民息已故既蜡君子不興功鄭注息民與蜡異則黃衣黃冠而祭爲臘必矣案廣雅云臘索也是即以蜡爲臘矣月令正義云凡蜡皆在建亥之月而皇氏以爲夏殷蜡各在己之歲終若如此夏家季冬則計耦耕事修耒耜具田器不得方始勞農以休皇氏之義非也獨斷五帝臘祖之別名青帝以未臘卯祖赤帝以戌臘午祖白帝以丑臘酉祖黑帝以辰臘子祖黃帝以

辰臘未祖劉昭注續漢書禮儀志引高堂隆曰帝王各以其行之盛而祖以其終而臘火生於寅盛於午終於戌故火家以午祖以戌臘漢之臘則在冬至後三戌也史記始皇本紀三十一年十二月今之九月更名臘曰嘉平集解引太原眞人茅盈内紀謂盈曾祖父濛白日升天其邑謡歌有帝若學之臘嘉平之語故因改從殷號是則臘本先代舊制不始自秦古以亥月秦則以戌月耳而說者因疑月令是吕不韋書非周公之舊并疑左氏傳虞不臘之言以爲戰國人所著其亦不攷甚矣

天子祭以鬯諸侯以薰卿大夫以茝蘭士以蕭庶人艾

周禮春官鬱人掌祼器凡祭祀賓客之祼事和鬱鬯以實彝而陳之鄭注築鬱金煮之以和鬯酒鄭司農云鬱草名十葉爲貫二十貫爲築以煮之焦鐎同中停於祭前鬱爲草若蘭賈疏引王度記云天子以鬯諸侯以薰大夫以蘭芝士以蕭庶人以艾白虎通考黜篇諸侯賜圭瓚然後爲暢同鬯未賜者資暢於天子亦引王度記作大夫芭蘭士蒹餘則同說文薰香艸也茝蘭見內則釋文茝本又作芷

昌改反韋昭注漢書云香艸也昌以反又説文云蘬也齊人謂之茝據此則賈疏之芝白虎通之芑皆茝字之譌也説文蕭艾蒿也蒹乃萑之未秀者則亦蕭之譌也詩王風采葛傳云蕭所以供祭祀正義引爾雅釋草云蕭萩今本誤作荻案爾雅釋文云萩音秋陸璣云今人所謂萩本亦誤荻蒿者是也可作燭有香氣故祭祀以脂爇之爲香許慎以爲艾蒿非也爾雅艾冰臺郭注今艾蒿

王者以四時畋以奉宗廟因簡戎事刈草爲防歐欺于而射之不題禽不垝車美遇不捷草越防不追天子取

三十焉一爲乾桓二爲賓客三曰充君之庖其餘以與士

肄兵。肄亦與肆通禮記玉藻肆束及帶鄭讀肆爲肄

四時畋獵之名見左氏隱五年傳與周禮大司馬職合爾雅釋天文亦同公羊桓四年傳春曰苗秋曰蒐冬曰狩夏時不田禮記王制亦歲三田穀梁四時田但名與左傳異耳穀梁昭八年傳云因蒐狩以習用武事禮之大者也艾蘭以爲防范甯注蘭香草也防爲田之大限案漢鼓吹鐃歌有艾如張曲艾與刈音義同歐本从攴與驅同亦作敺舊

作歐誤不題禽卽穀梁所云面傷不獻垝當與詭同趙岐注孟子云橫而射之曰詭遇文選班孟堅東都賦弦不睼禽轡不詭遇李善注引説文云睼視者音遞案説文本作睼迎視也玉篇同段氏云正迎而射之則面傷矣射左膘左髀皆不正迎也班作睼其義正同李善注脫迎字耳郭注爾雅釋言云題額也不捷草蓋禽之竄於草中者不搜索而盡取之也穀梁又云過防弗逐不從奔之道也不成禽不獻禽禽雖多天子取三十焉其餘以與士衆以習射於射宫射而中田不得禽則得禽田得

禽而射不中則不得禽是以知古之貴仁義而賤勇力也乾桓說文云木豆謂之桓漢韓勑孔子廟碑爵鹿柤梪郎俎豆梪與豆同也詩小雅車攻傳云一曰乾豆二曰賓客三曰充君之庖故自左膘而射之達于右腢爲上殺射右耳本次之射左髀達于右䯚釋文餘繞反又胡了反謂水膁也字書無此字一本作髎音羊紹反又羊招反本或作膘爲下殺箋云射右耳本射當爲達三十者每禽三十也鄭注禮記王制云乾豆謂腊之以爲祭祀豆實也范注穀梁桓四年傳云上殺中心死速乾之以爲豆實可以祭祀次殺射髀骼苦嫁反死差

遲下殺中腸污胞死最遲先宗廟次賓客後庖廚
尊神敬客之義
全羽曰旞析羽曰旌熊虎曰旗
皆周禮春官司常職文鄭注析羽全羽皆五采繫
之於旞旌之上所謂注旄於干首也師都建旗畫
熊虎者鄉遂出軍賦象其守猛莫敢犯也道車載
旞道車象路也王以朝夕燕出入斿車載旌斿車
木路也王以田以鄙全羽析羽五色象其文德也
說文旞導車所載全羽以爲允允進也或从遺作
旞釋名旞猶滑也順滑之貌也說文游車載旌析

羽注旌首所以精進士卒釋名旌精也有精光也
說文熊旗五游以象伐星士卒以爲期周禮曰率
都建旗案今周禮作師都不知本作帥都抑許慎
之以師郎帥未能定也
天子杠高九仞諸侯七仞卿○卿字舊脫據爾雅釋文引補大夫五
仞士三仞○此三字舊脫據初學記引補天子十二斿至地諸侯九
斿至軫卿大夫七斿至軹紙士三○當作五斿至肩

旗幟

何休注公羊襄十六年傳云禮記玉藻曰天子旂
十有二旒斿同亦作流諸侯九卿大夫七士五疏云今

玉藻無此文唯禮説稽命徵及含文嘉皆云天子旗九刃仞同十二旒曳地諸侯七刃九旒齊軫卿大夫五刃七旒齊較士三刃五旒齊首宋均注云旗者旌旗也所以别尊卑序貴賤也軫車後横木也諸侯之旗齊於軫士齊首首頭也北堂書鈔百二十初學記二十二竝引含文嘉之文與此同杠者旌旗之竿也爾雅釋天素錦綢杠初學記引廣雅作天子之旌廣韻旒字下引廣雅至軹作至轂誤也段氏玉裁云輢内之幹謂之軹縮輢上者謂之較較輿軹皆自輿版高處言之若轂則與軫高下相等

矣

廣雅卷第九上

廣雅卷九中

釋地

神農度四海内東西九十萬里南北八十一萬里

春秋命歷序云有神人駕六龍出地輔號皇神農始立地形甄度四海遠近山川林藪所至東西九十萬里南北八十一萬里見太平御覽七十八及路史後紀注案呂氏春秋有始覽云凡四極之内東西五億有九萬七千里南北亦五億有九萬七千里高誘注海東西長南北短極内等也郭璞注海外東經引詩含神霧云天地東西二億三萬三千

里南北二億一千五百里

帝堯所治九州地二千四百三十萬八千二十舊作百訛四頃其墾者九百一十萬八千二十四頃孝經援神契云計校九州之別土壤山陵之大川澤所注萊沛所生鳥獸所聚凡九百一十萬八千二十四頃見御覽三十六定墾者九百一十萬八千二十四頃此句見路史後紀十三注磽确不墾者千五百萬二千頃御覽五百訛作一百今據劉昭注郡國志正之路史注亦同

夏禹所治四海內地東西二萬八千里南北二萬六千里出水者八千里受水者八千里

四海九州

中山經載禹曰云云與此合管子地數篇呂氏春秋有始覽皆同而海外東經云帝命豎亥步自東極至于西極五億十選郭注選萬也九千八百八今本脫此字據御覽三十六有之若無此字則與下一曰云云無以異矣豎亥右手把筭左手指青邱北御覽右與左亦互易一曰禹令豎亥一曰五億十萬九千八百步淮南墬形訓禹使大章步自東極至于西極二億三萬三千五百里七十五步使豎亥步自北極至于南極二億三萬三千五百里七十五步劉昭注續漢書郡國志引山海經亦同

淮南唯前五百里七十五步作三百里七十一步是東西反短於南北矣

湖藪陂塘都甿古朗斥澤埏延。埏舊作埏小字作廷案字書無埏字今定作埏衍皋古豪沼池也

池

說文湖大陂也揚州浸有五湖浸川澤所仰以灌漑也風俗通山澤篇湖者都也言流瀆四面所隈都也今本作猥也據初學記御覽定作隈都說文藪大澤也周語下藪物之歸也風俗通按爾雅藪者澤也藪之爲言厚也草木魚鼈所以厚養人君與百姓也周禮地

官澤虞鄭注云水希曰藪賈公彥疏案鄭詩云叔在藪火列具舉舉藪中田獵明知無水詩毛傳云藪禽之府也釋文引韓詩禽獸居之曰藪又案九州之藪見周禮夏官職方氏十藪見爾雅說文陂池也風俗通按傳曰陂者繁也言因下鍾水以繁利萬物也今陂皆以溉灌案繁有皮音應劭於魯國蕃縣音皮儀禮鄉射禮君國中射則皮樹中鄭注今文皮樹爲蕃樹詩番維司徒韓詩作繁古今人表作皮故此以繁訓陂也世說德行篇郭林宗謂黃叔度汪汪若萬憲傳作千頃之陂澄之不清擾之

不濁詩澤陂傳陂澤障也書禹貢九澤既陂周語陂鄣九澤蓋澤障乃陂之本義廣雅則自其水言之故爲池也塘本作唐周語陂唐污庳以鍾其美韋昭注畜水曰陂唐隄也美謂滋潤呂氏春秋尊師篇治唐圃疾灌浸高誘注唐隄以壅水晏子問下篇治唐園考菲履皆作唐玉篇始有塘字云隄塘也廣韻塘陂塘又作隚云隄隚窠塘隚皆後來所增也都與豬同禹貢大野既豬孔傳水所停曰豬釋文引馬融云水所停止深者曰豬中山經和山實惟河之九都郭璞注九水所潛故曰九都窠

潛藏也亦鍾聚之義韻會引廣雅䀛境也今見卷三釋詁中說文所釋亦相同非此之義此䀛當即說文之沆字云莽沆大水也一曰大澤皃風俗通謹按傳曰沆（俗本誤沉）者莽也言其平望莽莽（御覽作沆莽）無涯際也沆澤之無水斥鹵之類也今俗語亦曰沆澤案廣韻𪉖鹽澤也各朗切䣈䀛竝同即風俗通後一說也斥今作斥禹貢兗州海濱廣斥正義引說文云鹵鹹地也東方謂之斥西方謂之鹵周語（下）澤水之鍾也風俗通水草交厝名之爲澤澤者言其潤澤萬物以爲民用也玉篇埏隰也說文

衍水朝宗于海也小爾雅澤之廣者謂之衍左氏襄廿五年傳井衍沃杜預注衍沃平美之地則如周禮以爲井地釋文引賈逵云下平曰衍詩小雅鶴鳴于九皋傳云皋澤也箋云皋澤中水溢出所爲坎自外數至九喻深遠也案如鄭言卽釋名之所爲掌也說文沼池水一說圜曰池曲曰沼說文池作沱江别流也徐鉉云沱沼之沱通用此案左氏隱三年傳正義引風俗通池者陂池从水也聲今本無之禮記月令毋漉陂池鄭注畜水曰陂穿地通水曰池書泰誓上孔傳澤障曰陂停水曰池

都野孟豬彭蠡少原源　振澤渚毗夷符　沛姝盂澤雷澤幽都

都野豬野也在禹貢之雍州原隰厎績至于豬野漢書地理志武威郡武威縣休屠澤在東北古文以爲豬野澤孟豬澤名在豫州禹貢導菏澤被孟豬傳云在菏東北漢志梁國睢陽縣禹貢盟諸澤在東北書正義云左傳爾雅作孟諸周禮作望諸聲轉字異正是一地鄭康成注尚書大傳云孟諸宋藪也案史記又作明都大傳孟諸之外又出大都鄭注大都明都則似非一地禹貢揚州彭蠡既

豬陽鳥攸居傳云彭蠡澤名隨陽之鳥鴻鴈之屬冬月所居於此澤史記集解引鄭康成曰地理志彭蠡澤在豫章彭澤西書釋文引張勃吴録云彭蠡今名洞庭湖案今在九江郡界又嶓冢導漾東流爲漢又東爲滄浪之水過三澨至于大别南入于江東匯澤爲彭蠡傳云匯迴也水東迴爲彭蠡大澤楚辭惜誓乃至少原之壄赤松王喬皆在旁王逸注少原之壄仙人所居此非廣雅所説案韓詩外傳九孔子出遊少原今本作源據藝文類聚是原字之野有婦人哭甚哀問之婦人曰向刈著薪亡吾著簪吾

是以哀振澤即震澤在禹貢之揚州震澤底定傳云震澤吳南大湖名漢志會稽吳縣具區澤在西揚州藪古文以爲震澤史記索隱震一作振正義澤在蘇州西南四十五里渚毗即諸毗南山經浮玉之山北望具區東望諸毗郭璞注水名即此所稱者是也西山經不周之山北望諸毗之山北山經求如之山滑今本作滑水出焉而西流注于諸毗之水郭注水出諸毗山此二者皆非廣雅之所指也趙岐注孟子云沛草木之所生也澤水也風俗通按春秋公羊傳僖四年齊桓公循海而東師大陷

廣雅　六

有山名曰幽都之山黑水出焉案廣雅記此九地以擬九藪幽都蓋即禹貢之大陸漢書地理志鉅鹿郡鉅鹿縣禹貢大陸澤在東北殆即所謂幽都也

瓊支瑾瑜昭華白珩衡璇旋璜弁和璵璠垂棘碧壚藍田球來瓄瀆琬王璐路瑭唐璑⿰王困愍渠赤瑕

玉

瓊支即瓊枝說文瓊赤玉也詩衛風木瓜傳云瓊玉之美者楚辭離騷折瓊枝以繼佩又云折瓊枝以爲羞洪興祖補注云傳曰南方有鳥其名爲鳳

廣雅 七

有山名曰幽都之山黑水出焉案廣雅記此九地以擬九藪幽都蓋即禹貢之大陸漢書地理志鉅鹿郡鉅鹿縣禹貢大陸澤在東北殆即所謂幽都也

瓊支瑾瑜昭華白珩衡璇旋璜弁和璵璠垂棘碧壚藍田球來璝潰琬王璐路瑭唐璑璩慭渠赤瑕玉

瓊支即瓊枝說文瓊赤玉也詩衛風木瓜傳云瓊玉之美者楚辭離騷折瓊枝以繼佩又云折瓊枝以爲羞洪興祖補注云傳曰南方有鳥其名爲鳳

廣雅　七

天爲生樹名曰瓊枝高百二十仞大三十圍以琳瑯爲實後漢書張衡傳佩夜光與瓊枝注云瓊枝玉樹以喻堅貞也說文瑾瑜美玉也左氏宣十五年傳瑾瑜匿瑕正義云瑾瑜玉之美者聘義曰瑕不掩瑜瑜不掩瑕鄭云瑕玉之病也瑜其中間美者西山經黃帝乃取峚音密山之玉榮而投之鍾山之陽瑾瑜之玉爲良堅栗精密濁澤而有光五色發作以和柔剛天地鬼神是食是饗君子服之以禦不祥郭璞注禮記曰瑱本作縝密以栗栗或作栗玉有栗文所謂穀璧也今俗間本經作堅栗并故

丁小山云西王母當引三朝記

記爲似粟誤也尚書大傳堯推尊舜而尚之屬諸侯焉致之以昭華之玉玉海引大傳舜以天德嗣堯西王母來獻白玉琯晉書律志舜時西王母獻昭華之琯西京雜記高祖初入咸陽宫周行府庫有玉管長二尺三寸六孔舊作二十六孔訛據北堂書鈔改正吹之則見車馬山林隱轔相次吹息亦不復見銘曰昭華之琯說文珩佩上玉也所以節行止也楚語下王孫圉聘於晉定公饗之趙簡子鳴玉以相問於王孫圉曰楚之白珩猶在乎其爲寶也幾何矣曰白珩先王之玩也何寶焉韋昭注珩佩上之横者珩通作

衡禮記玉藻云幽衡蔥衡卽黝珩蔥珩也詩鄭風女曰雞鳴毛傳云雜佩者珩璜琚瑀衝牙之類說文瓊赤玉也渠營切或从旋省作琁又出璿字云美玉也引春秋傳曰璿弁玉纓似沿切徐鉉云琁今與璿同書舜典在璿璣玉衡傳云璿美玉後漢書安帝紀作琁璣荀子賦篇旋玉瑤珠不知佩也楊倞注音瓊赤玉猶仍說文本義今人則與說文互異璇字从旋不省始見玉篇初學記所引是琁也周禮春官大宗伯以玄璜禮北方鄭注半璧曰璜象冬閉藏地上無物唯天半見也左氏定四年

傳封魯公以夏后氏之璜杜注云璜美玉名正義引哀十四年傳云向魋出於衛地公文氏攻之求夏后氏之璜焉則璜非一也白虎通文質篇五玉璜以徵召璜者半璧位在北方北陰極而陽始起故象半陰陽氣始施徵召萬物故以徵召也不象陰何陽始物微未可見也璜者横也質尊之命也陽氣横於黄泉故曰璜璜之爲言光也陽光所及莫不動也象君之威命所加莫敢不從陽之所施無不節也尚書中候言吕望釣得玉璜見御覽八百七弁和即卞和高誘注淮南覽冥訓云楚人卞和

得美玉璞於荊山之下以獻武王王以示玉人玉人以爲石刖其左足文王即位復獻之以爲石刖其右足抱璞不釋而泣血及成王即位又獻之成王曰先君輕刖而重剖石遂剖視之果得美玉以爲璧蓋純白夜光也後漢書孔融傳章懷注與此同而韓非和氏篇乃云厲王武王文王案楚世家無厲王韓非誤也說文璵璠魯之寶王字古玉 孔子曰美哉璵璠遠而望之奐若也近而視之瑟若也一則理勝二則孚勝呂氏春秋安死篇魯季孫有喪孔子往弔之入門而左從客也主人以璵璠收

孔子徑庭而趨歷級而上曰以寶玉收譬之猶暴骸中原也高誘注璵璠君佩玉也昭公在外平子行君事入宗廟佩璵璠故欲用之家語曲禮子夏問篇亦同左氏定五年傳云陽虎將以璵璠斂仲梁懷勿與所記異左氏僖二年傳晉荀息請以垂棘之璧假道於虞杜注云垂棘出美玉則垂棘本是地名何休注公羊云垂棘出良璧疏云玉有美惡出處不同周有藍田楚有和氏宋有結綠晉有垂棘說文碧石之青美者西山經高山其下多青碧郭注云碧亦玉類也今越嶲會無縣東山出碧

亦見漢書地理志淮南地形訓崑崙山碧樹在其北高注云碧青玉也張平子南都賦綠碧紫英李善注引廣志曰碧有縹碧有綠碧韻會碧瓐碧玉也亦作碧盧淮南氾論訓玉工眩玉之似碧盧者唯猗頓不失其情高誘注碧盧或云碔砆案或說非也云似碧盧則碧盧乃眞玉耳又繆稱訓作碧瑜漢書地理志京兆尹藍田山出美玉御覽八百五范子計然曰玉英出藍田元和郡縣志藍田縣案周禮玉之美者曰球其次爲藍蓋以縣出美玉故曰藍田京兆記又云出玉如藍故曰藍田說文[illegible]

瓄玉也玉篇⿱夾玉玉屬也瓄引史記云崑山出瓄玉
說文琬圭有琬者琰璧上起美色也周禮春官典
瑞琬圭以治德以結好琰圭以易行以除慝鄭司
農云琬圭無鋒芒故以治德結好琰圭有鋒芒傷
害征伐誅討之象故以易行除慝考工記琬圭琰
圭皆九寸書顧命陳寶琬琰在東序二玉不分爲
二重說文璐玉也玉篇美玉也楚辭九章被明月
兮被寶璐玉篇瑭玉也說文璑三采玉周禮夏官
弁師諸侯之繅斿九就瑉玉三采注三采朱白蒼
故書瑉作璑鄭司農曰璑惡玉名賈公彥疏以其

三采又非璵璠故云惡玉名也玉篇瑂奇殞切齊玉也水經穀水注引山海經見中山經傅山之西有林焉曰墦冢穀水出焉東流注於洛其中多瑂玉宋本作瑂玉微缺筆耳御覽六十二正作瑂玉與廣雅合案今山海經作瑂玉以形近致訛宋人柳僉水經本所引尚不誤而俗閒本又多故作珉玉失之遠矣說文瑕玉小赤也漢書司馬相如傳上林賦赤瑕駮犖注張揖曰赤瑕赤玉也

水精謂之石英瑠璃珊瑚玫梅瑰古回夜光隋侯隋侯見虵傷治之後虵銜珠以報虎魄金精璣

珠

南山經堂一作常庭之山多水玉郭注云今水精也相如上林賦曰水玉磊砢赤松子所服見列仙傳後漢書西南夷傳哀牢夷出水精水精亦作水晶裴松之注魏志十三引魏略西戎傳大秦國以水晶作宮柱及器物又引西域舊圖云大秦多明月珠夜光珠琥珀珊瑚流離水精玫瑰漢書西域傳罽賓出珠璣珊瑚虎魄璧流離孟康曰流離青色如玉師古曰魏略云大秦國出赤白黑黃青綠縹紺紅紫十種流離孟康言青色不博通也此蓋自然

之物采澤光潤踰於衆玉其色不恆今俗所用皆銷冶石汁加以衆藥灌而爲之尤虛脆不貞實非眞物後漢書西南夷傳哀牢夷出瑠璃說文珊瑚赤色生於海或生於山御覽八百七引孝經援神契曰珊瑚鉤瑞寶也神靈滋液百珍寶用則見又八百八引琉璃鏡又八百九引玫瑰出漢書司馬相如傳玫瑰碧琳珊瑚叢生郭璞曰珊瑚生水底石邊大者樹高三尺餘枝格交錯無有葉唐書拂菻國傳海中有珊瑚洲海人乘大船墮鐵網水底珊瑚初生石上白如菌一歲而黃三歲而赤枝格交錯鐵

發其根繫網船上絞而出之失時不取卽腐李善注文選西都賦引珊瑚珠也又司馬相如傳其石則赤玉玫瑰晉灼曰玫瑰火齊珠也師古曰今南方之出火珠也高注淮南覽冥訓云隋侯漢東之國姬姓諸侯也隋侯見大蛇斷以藥傅之後蛇於江中銜大珠以報之因曰隋侯之珠蓋明月珠也隋本作隨省作隋不始於隋文帝隋代碑版亦有作隨者知二字通用也文選班孟堅西都賦隋侯明月錯落其間又懸黎垂棘夜光在焉李善注云許慎淮南子注云夜光之珠有似明月故曰明月

也高誘以隋侯爲明月許慎以明月爲夜光班固上云隋侯明月下云懸黎垂棘夜光在焉然班以夜光非隋珠明月矣以三者合爲一寶經典不載夜光本末故説者參差矣西京賦云流懸黎之夜光吴都賦曰隋侯於是鄙其夜光鄒陽云夜光之璧劉越石曰夜光之珠尹文子曰田父得寶玉徑尺置於廡上其夜明照一室然則夜光爲通稱不繫之於珠璧也後漢書西南夷傳哀牢夷出虎魄章懷注引廣雅曰虎魄生地中其上及旁不生草深者八九尺大如斛削去皮成虎魄如斗初時如

桃膠凝堅乃成博物志曰松脂淪入地千年化爲茯苓茯苓千歲化爲虎魄今太山有茯苓而無虎魄永昌有虎魄而無茯苓也案此注所引廣雅今無其文疑是廣志之誤今博物志又云琥珀一名江珠文選郭景純江賦金精玉英瑱其裏李善注引穆天子傳一河伯曰視汝黃金之膏郭璞曰金膏其精汋音綽案廣雅以金精爲珠未能詳也說文璣珠不圜也書禹貢荊州厥篚玄纁璣組傳云璣珠類生于水釋文又引字書云小珠也初學記二十七孝經援神契曰神靈滋百寶用則珠母璣鏡

廣雅

卣

也宋均注曰事神明得則大珠有光可爲鏡也

蜀石碝而兗玟忙巾硨車磲渠碼馬碯奴道武夫琨昆珸吾

瑉石琙古或又鍼玏勒珂

石之次玉

文選司馬相如上林賦蜀石黃碝李善注引張揖曰蜀石石次玉者也蓋卽此文中山經扶豬之山其上多礝石郭注音耎今鴈門山中出礝石白者如冰半有赤色者說文碝石次玉者玟瑰也一曰石之美者禮記玉藻士佩瓀玟而緼組綬正義瓀玟石次玉者賤故士佩之釋文瓀而兗反徐又作

瑛同玟武巾反字又作砇同案玫亦與珉瑉同也書顧命大貝在西房孔傳大貝如車渠尚書大傳大貝如大車之渠鄭注渠車罔也廣雅所說當不指貝裴松之注魏志十三引西域舊圖云大秦多大貝車渠瑪瑙御覽八八百𠂔中記曰車渠出天竺國又引古一云魏武帝車渠椀賦序曰車渠玉屬多纖理縟文出於西國其俗寶之小以繫頸大以爲器此則廣雅之所謂石次玉者也又引𠂔中記曰馬瑙出月氏古今注曰魏武帝以碼瑙石爲勒魏文帝賦序曰玉屬也出自西域文理交錯有似馬瑙故

其方因以名之案車渠馬瑙皆本字也玉篇瑙奴倒切俗以碼碯作瑙南山經會稽之山四方其下多玞石郭璞注砆武夫石似玉今長沙臨湘出之赤地白文色蔥蘢不分了也玉篇作青地白文案子虛賦作赤地白采則赤字是也戰國魏策文侯謂西門豹曰夫物多相類而非白骨疑象武夫類玉亦作珷玞碔砆皆同書禹貢揚州貢瑤琨篠簜孔傳琨石之美者琨亦作瑻玉篇珸下引廣雅石次玉者琨珸亦山名出利金北堂書鈔百二十二引龍魚河圖曰流洲在西海中地方三千里多積石名

爲昆吾石治其石爲鐵作劒以割玉如泥珸亦作琨同瑎卽珉也禮記聘義君子貴玉而賤珉說文玪塾石之次玉也玪古函切塾盧則切玉篇瑊古咸切瑊塾美石次玉也玪同上塾力德切玉名玏同上珂石次玉也亦碼碯絜白如雪者一云螺屬也生海中說文新附有珂字云玉也玉篇瑊古咸切瑊玏美石次玉也又作玪同廣韻瑊與緘同紐皆與此音合又見二十一侵與斟同紐引廣雅又引郭璞云瑊玏似玉之石司馬相如子虛賦曰其石則瑊玏玄礪然則瑊又音鍼舊廣雅本作又威

誤今改正

東方有魚焉如鯉六足鳥尾其名曰鮯古合南方有鳥焉三首六目六足三翼其名曰鷩必舌鳺付孚西方有獸焉如鹿白尾馬足人手四角其名曰玃九縛如北方有民焉九首虵行身其名曰相繇由中央有虵焉人面豺身鳥翼虵行其名曰化虵此五方之異物也

此皆山海經之文也東山經跂踵之山有水焉廣圓四十里皆涌其名曰深澤有魚焉其狀如鯉而六足鳥尾名曰鮯鮯之魚其鳴自叫郭璞注鮯音蛤案今廣雅疑尚脫一鮯字南山經基山有鳥焉

其狀如雞而三首六目六足三翼其名曰鵸鵸食之無臥郭注鵸䲹急性敝孚二音案列子力命篇憋片滅反懯音敷張湛注急速之貌方言十憋妨滅反惡也郭璞注憋怤急性也故亦以此鳥命名之義因其急性也西山經皋塗之山有獸焉其狀如鹿而白尾馬足人手而四角名曰玃如郭注音猳玃案今本多誤作⿰犭嬰如注亦誤作猳⿰犭嬰近畢中丞沅據史記索隱作玃如而音則作猳玃案猳玃見呂氏春秋察傳篇注爾雅釋獸貜父注作貑貜音既作猳玃則正文定當從廣雅作玃爲正海外北經共

工之臣曰相柳氏九首以食于九山相柳之所抵厥爲澤谿禹殺相柳其血腥不可以樹五穀種禹厥之三仞三沮乃以爲眾帝臺又云相柳者九首人面虵身而青郭注抵觸厥掘沮滔也案相柳相繇聲相近山中經陽山陽水出焉其中多化虵其狀如人面而豺身鳥翼而虵行其音如叱呼見則其邑大水

八家爲鄰三鄰爲朋三朋爲里五里爲邑十邑爲鄉十鄉爲都十都爲師州十有二師焉見尚書

尚書大傳古之處師八家而爲鄰三鄰而爲朋三

朋而爲里五里而爲邑十邑而爲都十都而爲師州十有二師馬家不盈三口者不朋由命士以上不朋鄭康成注州凡四十三萬二千家此葢虞夏之數也晉書地理志昔在帝堯叶和萬邦制八家爲鄰云云亦與此同鄭康成注臯繇謨云師長也九州州立十二人爲諸侯師以佐其牧堯初制五服服各五百里要服之内方四千里曰九州禹九州州更方七千里七七四十九得方千里者四十九其一以爲圻内餘四十八八州分而各有六春秋傳曰禹朝羣臣於會稽執玉帛者萬國則九州

之內諸侯也其制特置牧以諸侯賢者爲之師蓋百國一師州十有二師則州千二百國也八州凡九千六百國其餘四百國在圻內鄭注約書正義反詩齊風譜蓼蕭殷武正義左傳襄七年正義禮記王制正義之文

㬰柔暵奴戈堅堅甄古賢埴時職塿樓垶息營壚來乎墳陚付田地土也

說文㬰和田也暵城下田也而緣切埴黏土也塿塺土也塺音匕果切塺土也垶赤剛土也壚剛土也陚邱名廣韻㬰良田玉篇暵仁緣奴過二切廣韻暵在三十九過內與堧同耎乃亂切又而緣如兗二切無

音來戈切者㕡當是臤字說文堅也讀若鏗鏘之
鏗公羊成四年鄭伯堅卒釋文本作臤云苦刃反
或作堅是二字古亦多通用此當謂堅土也說文
堅剛也从臤从土徐鍇云剛土也段云隋文帝諱
堅故曹憲鈌書下畫此相傳古本至下注堅則非
出自曹憲案段語甚是然則正文定當作堅考工
記車人爲耒堅地欲直庛柔地欲句庛柔土卽[illegible]
也淮南地形訓家語執轡篇皆云堅土之人剛大
戴禮易本命篇則云堅土之人肥盧辯注肥者象
地堅實盧雖爲此解其實大戴文有脫誤也淮南

又云壚土人大漢書董仲舒傳泥之在鈞唯甄者之所爲師古注甄作瓦之人也李善注文選何平叔景福殿賦引李耼曰埏埴以爲器曰甄陶今案埏埴以爲器見老子道經曰甄陶三字善所加也考工記摶埴以爲器甄者治土故亦以爲土之名也禹貢徐州土赤埴墳兗州土黑墳青州土白墳豫州下土墳壚孔傳云土黏曰埴釋文墳扶粉反韋昭音勃憤反起也馬云有膏肥也壚音盧説文云黑剛土也今本説文脱黑字當據此補之釋名土黄而細密曰埴埴膱也今本作膩也下同此從莊子馬蹄釋文膱音之食反黏昵如脂

之膱也土黑曰盧盧然解散也考工記疏引康成禹貢注膱作戠周禮地官稻人凡埶種騂剛用牛墳壤用麋埴壚用豕案騂卽𡍲亦作垶集韻㕯岡甫切音武平原也類篇同釋名地底也其體底下載萬物也亦言諦也五土所生莫不信諦也土吐也吐生萬物也已耕者曰田田塡也五稼塡滿其中也

耦⿱非牛沸⿰耒冘才心耩講⿰耒異弋⿰耒突突⿰耒甾側其⿰耒麃布苗⿰耒皮披耠平荅⿰耒罷碑⿰耒咅步侯⿰耒局局⿰耒莫漢犂營墾⿰耒圭耕也

說文耦耒廣五寸爲伐二伐爲耦考工記匠人爲

溝洫耜廣五寸二耜爲耦一耦之伐廣尺深尺謂之甽（古犬反）鄭注古者耜一金兩人併發之其壟中曰甽甽土曰伐（今本作甽上曰伐段改作甽土案疏云一尺深者謂之甽甽上高土謂伐）之伐之言發也甽畎也疏云耜謂耒頭金金廣五寸耒面謂之庇庇亦當廣五寸二人各執一耜若長沮桀溺耦而耕二人雖共發一尺之地未必竝發說文䎄兩壁耕也一曰覆耕穜也（今之種字）讀若匪玉篇欿掘地也又函屬也亦作鈂廣韻同又直林切玉篇耩穮也⿰耒巽耕也⿰耒突耕禾開也⿰耒甾耕也亦田一歲穮⿰耒芸（耘同）⿰耒員也䢷亦作畯耕也小高也耠耕

耩　大昭案齊民要術云苗高尺鋒之耩者非不壅本苗深殺草益實然令地堅硬乏澤難耕鋤得五徧以上須不耩

⿰耒巽　大昭案⿰耒巽與⿰木巽同呂氏春秋離俗覽云晨寤興務耕疾庸⿰木巽爲煩辱不敢休矣高誘注⿰木巽古耕字

也䅬耜屬𦓴耕來也𦔖冬耕也緇葢與菑同詩周頌載芟有略釋文云字書作䂮是也其耜俶載南畝箋云俶載當爲熾菑正義云熾然入地而菑殺其草於南畝之中穮與麃穮同詩緜緜其麃傳云麃耘也昭元年左氏傳是穮是蔉杜預注穮耘也壅苗曰蔉正義此言穮蔉即詩之言耘耔也說文䥯耜屬讀若嫣䆉耕也亦作犂漢書匈奴傳犂其庭師古曰犂耕也又玉篇耕具也廣韻犂田器海內經后稷之孫叔均是始作牛耕注云始用牛犂管子乘馬篇丈夫二犂童五尺一犂以爲三日之功童五尺

者言五尺之童也詩小雅黍苗傳營治也益營度其田四圍所至也漢趙充國屯田西域後人即謂之營田杜子美兵車行或從十五北防河便至四十西營田周語上土不備墾辟在司寇又中墾田若蓺韋昭注發田曰墾說文新附有墾字从豤說文有豤字無豤字說文䅪䅪又可以劃麥河內用之古擴切玉篇田器也

稍所交穆亡旦稯又江穡他戾稴一切積壯責埶魚世植樹穡祇薻派

投蒔時志種之用也

玉篇稍穆種山校切穆不蒔田也廣韻毋官切種

稄 大昭案說文作捘種也从手紅切稄與捘同

遍皃案今北人猶有縵地之語張自烈疑𥢑即漢書食貨志之縵田志云趙過爲代田一歲之收常過縵田畮一斛以上師古曰縵田謂不爲甽者也縵音莫幹反玉篇稄種也廣韻又有楚絳一切玉篇𥟹種也他的切廣韻不耕而種也玉篇䅖犁種也積灰中種也仕革切稭種麥上祇切埶亦作蓺詩大雅生民蓺之荏菽箋云蓺樹也周語中墾田若蓺韋昭注蓺猶蒔也植樹皆常訓植亦作殖襄卅年左氏傳我有田疇子產殖之亦作殖見前釋詁四

𧂇 大昭案集韻薭普卦切引廣雅種也似宜從之

𧂇字無攷段云當讀如排今種物者排其行

廣雅

列而種之漢劉章之所謂立苗欲疏亦此義也說文投擿也擿投也互相訓段云物之易生者投之土中即生方言廿蒔更也郭璞注謂更種也音侍李善注文選潘安仁秋興賦引字林蒔更別種上吏切種不見字書說文作穜埶也之用切又種先種後孰也詩七月釋文云說文禾邊作重是重穋之字禾邊作童是穜埶之字今人亂之已久然則此當作穜爲正

原端也大卤大泰° 音原也

春秋說題辭原者端也平而有度也宋均曰度若

大昕案文選謝惠連泛湖詩注引廣雅云土高四墮曰椒邱當是此篇之逸文

則也見御覽五十七又高平曰大原廣延曰大鹵見古微書春秋昭元年經晉荀吳帥師敗狄于大鹵公羊穀梁皆作大原大音泰公羊傳曰此大鹵也曷爲謂之大原地物從中國邑人名從主人疏云案古史及夷狄之人皆謂之大鹵所以今經與師讀皆言大原者正以地與諸物之名皆須從諸夏名之故也

釋丠

丠上有木爲柲祕丠小陵曰丠無石曰㠀四隤大迴曰陵四起曰京四京曰阿㠀細㠀也○舊作㠀細也誤說見下

廣雅 三三

春秋說題辭曰丘者基也見御覽五十二葢古丘音如欺故訓爲基也柲者戈戟之柄柲丘之名不見他書爾雅大阜曰陵故小陵名曰邱也𠂤與阜同楚辭九思山𠂤兮峉峉說文作𠂤云大陸山無石者釋名土山曰阜阜厚也言高厚也皆與此訓同四隤謂四面陂陁而下隊也故或言陵遲或言陵夷皆取諸此爾雅非人爲之丘絕高爲之京郭璞注京人力所作案京大於丘丘既天生而京顧乃待人造乎故鄭樵云當作絕高謂之京然詩大雅篤公劉箋所引亦與今爾雅同正義引李巡曰邱之高

大者曰京四起謂四面皆高起也爾雅大陵曰阿四京謂四面皆高大也釋名偏高曰阿卭阿荷也如人擔荷物一邊偏高也又與此異說文𠂤小𠂤也𠂤卽今之堆字賈逵注國語曰小阜曰魁見史記趙世家及扁鵲傳（今史記本小阜誤作川阜）魁卽𠂤也舊本廣雅作𠂤細也誤今據說文補正又塊阜亦卭之小者淮南子俶眞訓塊阜之山無大之材

藏謂之壙墳瑜（以珠）埰（采）墦（煩）埌（浪）壟塔（步苟）塿（來苟）丠陵墓封冢也宅垗（兆）塋（營）域葬地也

禮記檀弓上國子高曰葬也者藏也藏也者欲人

廣雅　二茜

之弗得見也周禮夏官方相氏鄭讀爲放想大喪先匶及墓入壙以戈擊四隅敺方良音罔兩鄭注壙穿地中也方言三十冢秦晉之閒謂之墳或謂之培或謂之瑜或謂之埰亦作采或謂之埌或謂之壠自關而東謂之邱小者謂之塿大者謂之邱凡葬而無墳謂之墓所以墓謂之墲郭璞注古者卿大夫有采地死葬之因名也壠者有界埒似耕壠因名之培塿亦堆高之貌墓猶慕也墲謂規度墓地也漢書曰初陵之墲見楚元王傳劉向疏云初陵之橅字从木是也檀弓上孔子既得合葬於防曰吾聞之古也墓而不墳鄭注

墓謂兆域今時通行本作之封塋也古謂殷時也土之高者曰墳趙岐注孟子墦閒云郭外冢閒也禮記曲禮上適墓不登壟鄭注壟冢也墓塋域月令孟冬塋丘壟之大小高卑左氏襄廿四年傳部婁無松柏杜預注部婁小阜蓋與此培塿同正義云阜之大者是丘陵之類也部婁小阜相傳爲然說文作附婁自漢以來帝王之墓皆謂之陵周禮春官冢人以爵等爲丘封之度與其樹數鄭注王公曰丘諸臣曰封又檀弓上子夏述夫子之言曰吾見封之若堂者矣見若坊者矣見若覆夏屋者矣見

若斧者矣從若斧者焉馬鬣封之謂也易繫辭傳下古之葬者厚衣之以薪不封不樹正義不封者不積土爲墳又封亦讀爲窆檀弓上縣棺而封鄭注封當爲窆（彼驗反）春秋傳作堋（北鄧反見昭十二年左氏傳）說文冢高墳也周禮春官冢人鄭注冢封土爲邱壠象冢而爲之疏云爾雅山頂曰冢故云象若然邱陵亦是象邱陵爲之也孝經喪親章卜其宅兆而安厝之北堂書鈔（九十二）引鄭注云宅墓穴也兆塋域也唐明皇注同疏謂依孔傳也垗與兆通用域亦作⿰阝或儀禮士喪禮筮宅冢人營之鄭注宅葬居

也又兆南注云兆域也所葬之處說文塋墓也春官墓大夫令國民族葬使皆有私地域鄭注古者萬民墓地同處分其地使各有區域得以族葬後相容又云凡爭墓地者聽其獄訟

隇威 陝夷 阻陂阤險也

文選潘安仁西征賦登崤坂之威夷李善注引韓詩曰周道威夷薛君曰威夷險也玉篇作隇夷廣韻則與此同說文阻險也險阻難也陂阪也坡者曰坂一曰澤障此義見前一曰山脅釋名山旁曰陂言陂陁也案阤當作陀亦作陁史記司馬相如傳哀

二世賦登陂陁之長坂索隱本陁作陒與漢書同

㟅嶺隥多鄧陘形阪也

說文岡作岡岡山脊也从山网聲此作㟅乃訛字也或本作㟅亦隸之小變嶺本作領漢書嚴助傳輿轎而隃領晉王逸少蘭亭帖崇山峻領玉篇嶺阪也或作阾隥險阪也穆天子傳一乃絕隃之關隥又四天子南還升於長松之隥郭璞亦訓爲坂爾雅山絕陘郭璞注連山中斷絕說文陘山絕坎也玉篇限也阪義見前

隒檢歛二音澳於六陫〇舊本作辱誤厈浦潯濱漘蒸湄涘岸汜墳

漘脣陴洋○二字舊本作小字誤垠吴根厓也廖所流坈菊阪隅隈也

厓隩

說文隒厓也爾雅釋山重甗隒郭注山形如累兩甗甗甑也山形狀似之因以名云釋文隒本或作嵰字同郭魚檢反字林居儉反顧力儉力儼二反廣雅舊本檢歛二音歛作斂誤也說文澳隈厓也其內曰澳其外曰隈又隩云水隈厓也是从水从阜訓正相同詩衞風淇奧傳云奧隈也禮記大學作澳二字亦相通也辱之訓厓於古未有今案乃

靡字之誤也史記司馬相如傳明月珠子玓瓅〔漢書文選俱作的皪〕江靡集解引郭璞云靡崖也索隱引應劭云靡邊也又引張揖云靡涯也〔文選注作厓〕顔師古注漢書云江靡江邊靡迆之處也晉書元帝紀論起天旆於江靡斥爲藩文厂字說文厂山石之厓巖人可居象形又岸水厓而高者斥岸字亦通用衞風氓云淇則有岸爾雅釋丘望厓洒而高岸郭注云厓水邊洒謂深也視厓峻而水深者曰岸又重厓岸注云兩厓累者爲岸說文涌水瀕也玉篇浦水源枝注江海邊曰浦詩大雅常武率彼淮浦釋

文浦涯也晉語四胥臣曰教若川然有原以卬浦而後大說文潯旁深也玉篇同又作潯又顏師古注漢書揚雄解嘲或橫江潭而漁潭音尋集韻亦訓潭爲旁深是亦與潯同也淮南子原道訓游於江潯海裔高注云潯厓也潯讀葛覃之覃是二字可互讀也濱說文本作頻云水厓人所賓附頻慼不前而止徐鉉曰今俗別作水濱非是案宋書何尚之傳袁淑與何尚之書含南瀕之操毛詩所謂于以採蘋南澗之瀕也然今詩猶作濱字說文潀小水入大水也詩大雅鳧鷖傳云潀水會也箋云

水外之高者也廣雅當從鄭義爾雅釋水水草交爲湄湄亦作麋詩小雅巧言居何之麋左氏僖廿八年傳余賜汝孟諸之麋解俱依爾雅玉篇浖山上水爾雅山上有水埒釋文埒字或從浖爾雅水決復入爲汜詩召南江有汜傳同箋云江水大汜水小爾雅墳大防周南汝墳正義引李巡曰墳謂厓岸狀如墳墓名大防也鄭注周禮大司徒云水厓曰墳墳亦作濆大雅常武傳濆厓也王風葛藟緜緜葛藟在河之漘傳云水隒也正義云爾雅釋山重甗隒隒是山岸漘是水岸故云水隒魏風伐

陴洋 舊本作陴洋且譌為音釋大昭孜集韻引廣雅陴洋厓也知此二字為正文無疑矣洋之為厓亦未見所出段氏疑洋之譌似得之矣

檀傳云漘厓也釋文云漘本亦作脣玉篇漘河涯爾雅釋邱所云此不具說陴洋舊俱作小字連脣字之下誤今改作正文說文陴城下女牆俾倪也段氏玉裁云此亦有過竟之誼洋余疑是洋玉篇洋亦瀰字深也盛也案漢書地理志邶又曰河水洋洋師古曰今邶詩無此句不知乃洋洋之誤也瀰既爲水盛似不當在此然亦得與潯漘氾爲類或疑是汻字說文汻水厓也徐鉉云今作滸非是呼古切爾雅岸上滸注云岸上地案此於厓義爲近之又段氏云洋疑乃泮之誤詩衛風隰則有泮

傳曰泮坡也箋云泮讀爲畔畔涯也段氏此言較上二義更協矣說文垠地垠也一曰岸也或从斤作圻又厓山邊也無涯字新附有之云水邊也然則古來厓即涯矣以上皆厓斥之訓也屢見釋詁四云隱也本方言三此又訓爲隈者蓋隱亦謂可以隱匿之處檀弓所云其高可隱也是也詩大雅公劉芮鞫之即周禮夏官職方氏注引作汭阸之即釋文阸詩作鞫余氏本作鞫案鄭箋云水之内曰隩水之外曰鞫爾雅釋邱隩隈又云厓内爲隩外爲隈陸德明釋文本隈作鞫云字林作阸玉篇阸古

岸也廣韻曲岸水外曰㟁說文阸阪隅也戰國宋策有雀生鱖於城之阸高誘注阸隅也說文隅又訓爲陬也玉篇角也曲禮上摳衣趨隅正義隅猶角也說文隈水曲隩也本亦作渨左氏傳廿五年傳秦人過析隈入而係輿人杜注云隈隱蔽之處淮南原道訓舜釣於河濱朞年而漁者爭處湍瀨以曲隈深潭相予高注云曲隈崖岸委曲又覽冥訓漁者不爭隈注云隈曲深處魚所聚也

廣雅卷第九中

廣雅

三十

廣雅卷九下

釋山

岱宗謂之泰山天柱謂之霍山嶨山謂之大嶨常山謂之恆山外方謂之嵩高岣(古候)嶁(力候)謂之衡山

風俗通山澤篇泰山山之尊者一曰岱宗岱者始也宗者長也萬物之始陰陽交代雲觸石而出膚寸而合不崇朝而徧雨天下其惟泰山乎故爲五嶽之長(今本多脫誤以書舜典正義左傳昭四年正義及續漢書祭祀志注補正)漢書地理志廬江郡灊(音潛)天柱山在南有祠武帝元封五年登禮灊之天柱山號曰南嶽見郊祀志然諸

書多有以衡山本亦名霍山者尚書虞夏傳中（仲通）祀大交霍山鄭康成注五月南巡守仲祭大交氣于霍山也南交稱大交論衡書虛篇堯典之篇舜巡狩東至岱宗南至霍山西至太華北至恆山以爲四嶽者四方之中諸侯之來竝會嶽下禹巡狩所至亦復如舜爾雅霍山南嶽詩大雅崧高禮記王制正義引郭注皆云在衡陽湘南縣南郭今在廬江灊縣西漢武帝以衡山遼曠因讖緯皆以霍山爲南嶽故移其神於此其土俗人皆呼爲南嶽南嶽本自兩山爲名非從近也而學者多以霍

山不得爲南嶽又言從漢武帝始乃名之如此言爲武帝在爾雅前乎斯不然矣詩正義以郭言爲然且云孫炎以霍山爲誤當作衡山案書傳虞夏傳及白虎通風俗通廣雅竝云霍山爲南岳豈諸文皆誤明是衡山一名霍也陸德名爾雅釋文亦云霍山一名衡案以上諸説皆以衡山古亦名霍山也然禹貢王制皆但言衡山爾雅釋山首云河南華河西嶽河東岱河北恆江南衡郭亦知衡山爲南嶽與上四山共爲五嶽爾雅後何以復出五嶽之名而變文言霍山爲南嶽此殆後人以漢

制附麗之歟張揖是漢後人故以天柱列泰華恒嵩爲五嶽而以衡山居後亦不相混也白虎通巡狩篇南方爲霍山者何霍之爲言護也太陽用事護養萬物也西方爲華山者何華之爲言穫也言萬物成孰可得穫也説文嶨从山華省聲地理志京兆尹華陰太華山在南有祠西山經太華之山削成而四方其高五千仞其廣十里白虎通北方爲常山者何陰終陽始其道常久故曰常山地理志常山郡上曲陽恒山北谷在西北有祠并州山張晏曰恒山避文帝諱故改曰常山案禹貢爾雅

皆稱恆山則常山爲漢文以後始名之而趙世家
有常山臨代之語亦作史記者所追改也地理志
潁川郡崇高武帝置以奉太室山是爲中岳有太
室少室山廟古文以崇高爲外方山也風俗通中
央曰嵩高嵩者高也詩云嵩今詩作崧高惟嶽峻極于
天白虎通中央之岳獨加高字者何中央居四方
之中而高故曰嵩高山廣雅舊本作外謂之崤嵩
轉寫錯誤錢氏塘段氏玉裁皆謂當作外方謂之嵩
乀弨謂當倂增高字郭璞注中山經衡山云俗謂
之峋嶁山峋音矩嶁音縷一云衡山南麓山相傳

廣雅　三

上有神禹所刻石故韓昌黎有岣嶁山尖神禹碑之句地理志長沙國湘南禹貢衡山在東南荊州山

蜀山謂之崏山

崏說文作𡶸云山在蜀湔氐西徼外从山𢼸聲案禹貢作岷地理志作崏皆通用漢書郊祀志瀆山蜀之岷山也是蜀山亦謂之瀆山華陽蜀志蜀之爲國肇於人皇其精靈則井絡垂耀江漢遵流河圖括地象曰岷山之下爲井絡帝以會昌神以建福

吴山謂之開山

周禮夏官職方氏雍州其山鎮曰嶽山其澤藪曰弦蒲鄭注嶽吴嶽也爾雅河西嶽郭注同鄭地理志右扶風汧吴山在西古文以爲汧山岍即此禹貢導雍州山北有蒲谷鄉弦中谷御覽四十四孫炎曰雍州鎮有吴嶽山郭璞曰吴嶽别名開山國語謂之西吴秦都咸陽以爲西岳案詩崧高正義引雜問志周都豐鎬故以吴岳爲西岳與郭説異而義同又案漢書郊祀志自華以西名山七曰華山薄山嶽山岐山吴山鴻冢瀆山師古曰説者咸謂嶽即吴

嶽今志有嶽又有吳山則吳嶽非一山之名但未詳嶽之所在耳徐廣云嶽山在武功據地理志武功但有埀山無嶽山也

薄落謂之玕牽頭

漢書地理志安定郡涇陽玕頭山在西禹貢涇水所出東南至馮翊陽陵入渭過郡三行千六十里雍州川師古曰玕苦音見反又音牽此山在今靈州東南土俗語訛謂之汧屯山淮南墬形訓涇出薄落之山高注云薄落之山一名笄頭山定安臨涇縣西禹貢涇水所出玕作笄又書禹貢正義引

地理志作岍當以幵為本字至趙國亦有河薄洛之水見趙世家水經注十漳水又歷經縣故城西水有故津謂之薄落津名同而實異也

土高有石山山產也石䄷石也冢腫也嶽确學也

說文山宣也宣氣散生萬物有石而高也釋名山產也產生物也蓋無石者曰邱有石者曰山春秋說題辭易艮爲山爲小石石陰中之陽山陽中之陰陰精輔陽故山含石石之爲言託也託立法也見初學記䄷者說文䄷百二十斤蓋五權之最重者石質重故云䄷也釋名石格也堅捍格也山頂曰冢

冢腫也言腫起也嶽與岳通白虎通岳之爲言桷亦作桷也桷功德也風俗通嶽者桷考功德黜陟本下有幽明二字書舜典左氏昭四年兩正義及爾雅疏所引皆無也此作确音同義亦可通

凡天下名山五千二百七十出銅之山四百六十有七出鐵之山三千六百有九

山海經五禹曰天下名山經五千三與此不同二百七十山六萬四千五十六里居地也言其五臧蓋其餘小山甚衆不足記云出銅之山四百六十七出鐵之山三千六百九十此多十字一此天地之所分壤

樹穀也戈矛之所發也刀鎩之所起也能者有餘拙者不足管子地數篇所記出銅鐵之山與廣雅同又曰山上有赭者其下有鐵上有慈石者其下有銅

崑崘虛有三山閬風板桐玄圃其高萬一千一百一十里一十四步二尺六寸

淮南地形訓掘高誘注猶平也崑崘虛以下地中有增城九重其高萬一千里百一十四步二尺六寸水經注所引亦如此縣圃涼風樊桐在崑崘閶闔之中是其疏圃

水經一崑崘墟在西北去嵩高五萬里地之中也

廣雅 六

其高萬一千里酈道元注三成爲崑崙丘崑崙說曰崑崙之山三級下曰樊桐一名板松（桐字之訛）二曰玄圃一名閬風上曰增（亦作曾）城一名天庭是爲太帝之居

𡿺（烏玄）畎（古犬）嶰（乎買）谿谷○此下應有也字或尚有脫文

說文淵或省水作𡿺回水也从水𡿺象形左右岸也中象水皃列子黃帝篇鯢桓之潘（莊子應帝王俱作審處也）爲淵止水之潘爲淵流水之潘爲淵濫水之潘爲淵沃水之潘爲淵氿水之潘爲淵雍水之潘爲淵汧水之潘爲淵肥水之潘爲淵是爲九淵崖誤云

潘回流所經之域也畎說文本作く水小流也書禹貢岱畎傳畎谷也正義引釋水云水注川曰谿注谿曰谷谷是兩山之間流水之道畎谷畎去水故言谷也又羽畎亦言羽山之谷古文畎作甽从田从川嶰谷名漢書律志黃帝使泠綸取竹之解谷呂氏春秋古樂篇取竹於嶰谿之谷風俗通聲音篇取竹於嶰谷故晉灼以解谷谷名爲是也谿卽谿字爾雅釋山山瀆無所通谿又釋水水注川曰谿注谿曰谷作疏者疑谿不能容川之所入引杜預云谿亦澗也是則澗谿之水注入川故李巡

云水出於山入於川曰谿注谿曰谷謂山谷中水注入澗谿也

釋水

濆泉直泉也直泉涌泉也

春秋公羊昭九年經叔弓帥師敗莒師于濆泉傳曰濆泉者何直泉也直泉者何涌泉也疏云直泉謂此泉直上而出爾雅濫泉正出正出涌出也注引公羊作直出云直猶正也疏引李巡注云水泉從下上出曰涌泉說文涌滕也滕水超涌也

州居也陼止也渚處也渚尸直至也

說文水中可居曰州周遶其旁从重川昔堯遭洪水民居水中高土故曰九州詩曰在河之州一曰州疇也各疇其土而生之徐鍇曰今別作洲非是案爾雅釋水水中可居者曰州古本作州字釋文本作洲音州此徐鍇所云非也孫炎釋之云水有平地可居者也見一切經音義引又釋水云小州曰陼小陼曰沚小沚曰坻邢疏引李巡云四方皆有水中央獨高可處但大小異其名耳邢疏作獨可居今依一切經音義引訂之楚辭九章朝發枉陼兮夕宿辰陽王逸注枉陼地名或曰枉曲也陼沚也爾雅釋文陼字又作渚

詩召南江有渚傳云渚小洲也水枝一作岐成渚箋云江水流而渚留齊語渠弭於有渚韋昭注渠弭裨海也水中可居者曰渚然則渚卽陼也不宜異文兩見疑當作陼處也沚止也於爾雅次第不失而諧聲取義文亦無複詩召南毛傳沚渚也秦風鄭箋與爾雅同文選注廿六 引韓詩章句大渚曰沚說爲異玉篇沚又作洔穆天子傳以飲于枝洔之中注洔小渚也案說文洔水暫益且止未減也訓雖與沚異然亦爲止之義則同說文坻或从水作渚詩秦風蒹葭宛在水中坻傳云坻小渚也釋

名洲聚也人及鳥獸所聚息之處也渚遮也體高能遮水使從旁迴也沚止也小可以止息其上也泜遲也能遏水使流遲也

海晦也江貢也河何也淮均也濟○當作泲濟也津因也洛繹也澀理也澗間也漢逢也渭偈謂也汝女○作汝訛也涇經也

釋名海晦也主承初學記作引穢濁其水黑如晦也禮記正義引李巡說詩正義引孫炎說亦皆以海爲晦說文海天池也以納百川者風俗通山澤篇江者貢也所出二字從初學記補珍物可貢獻也釋名江公

河何也 大昕案何从人可聲本取荷擔之義論語荷蕢漢表作何

也諸水流入其中所公共也春秋說題辭河之爲言荷也荷精分布懷陰引度也水經注一引釋名河下也隨水下處而通流也淮圍也圍繞揚州北界東至海也濟當作泲濟也源出河北濟河而南也風俗通河者播也二字從水經注補播爲九流出龍圖也淮者均均其務也水經注三十引春秋說題辭作均其勢也濟者齊音亦同劑齊其度量也說文江水出蜀湔氐徼外崏山入海河水出敦煌塞外昆侖山發原注海淮水出南陽平氏桐柏大復山東南入海濟說文作泲沇也東入于海又别有濟水出常山房子贊皇山東入泜廣

雅之濟實指沇水今卽禹貢亦不分别矣春秋説題辭濟齊也齊度也貞也水經注七引貞譌員此從宋本津説文作𣻂水渡也論語使子路問津焉鄭康成云津濟渡處因益因此達彼之意春秋説題辭洛之爲言繹也繹其燿也言水繹繹光燿也漢書地理志宏農郡上雒禹貢雒水出冢領山東北至鞏入河過郡二行千七十里豫州川禹貢導洛自熊耳高誘注淮南墬形訓云熊耳山在京師上雒西北案地理志在東北又有洛水出左馮翊褱德者乃雍州寖也地理志河南郡穀成禹貢瀍水出朁亭北東

瀍理也　大昕按說文無瀍字淮南本經訓禹疏三江五湖闢伊闕道瀍澗高注瀍澗二水名說文廛从广从里从八从土疑古有里音故轉訓爲理

漢違也　大昕案違與漢音不相近恐是遠字之譌

南入雒師古曰卽今新安朁音潛此以理訓瀍未詳豈以廛里爲人所居故借其義乎說文澗水出宏農新安東南入洛釋名山夾水曰澗澗閒也訓與此同漢說文作灘漾也禹貢導漾水東流爲漢又東爲滄浪之水地理志隴西氐道禹貢養水所出至武都爲漢養卽漾也一名沔達益取其由江以達於海也說文渭水出隴西首陽渭首亭南谷東入河⿰亻胃字無攷玉篇有⿰彳胃字訓爲行于屈切如尉亦音鬱音義皆可通春秋說題辭渭之爲言布也渭渭流行貌則審爲⿰彳胃字矣說文汝水出宏農

盧氏還歸山東入淮春秋說題辭曰汝出猛山汝之爲言女也宋均注女取其生孕也說文涇水出安定涇陽幵頭山東南入渭雝州之川也爾雅釋水直波爲徑釋文作俓釋名言如道俓也

湍瀨也磯機磧七的也

趙岐注孟子湍者圜也謂湍湍瀠水也說文湍疾瀨也瀨水流沙上也楚辭九歌石瀨兮淺淺音戔王逸注瀨湍也淺淺流疾貌淮南俶眞訓湍瀨旋淵高注云湍湍瀨急流也趙岐注孟子磯者激也玉篇磯水中磧也說磧文水階有石者玉篇磧水渚

石水淺石見水淺石見

阦洪洫畎潒遂涓塿古杳溝渠川瀆欿窞徒感科臽陷坑也

玉篇阦户工切阬也本此說文十里爲成成閒廣八赤字即尺深八赤謂之洫論語曰盡力乎溝洫溝水瀆廣四赤深四赤周禮匠人爲溝洫相廣五寸二耜爲耦一耦之伐廣尺深尺謂之く字即畎倍く謂之遂倍遂曰溝倍溝曰洫倍洫曰巜字即澮潒即遂也又說文涓小流也秦謂坑爲埂倉頡篇小坑也爾雅水注谷曰溝釋名溝構也縱橫相交構也

澮會也小溝之所聚會也說文渠水所居也風俗通秦時韓人鄭國穿渠孝武帝時趙中大夫白公復穿渠又鄭當時穿渠以利漕道官民俱賴其饒焉爾雅注澮曰瀆謂溝水所注入也說文瀆溝也一曰邑中溝欿窞與易坎初六之坎窞同說文坎陷也窞坎中更有坎易釋文坎本亦作埳京劉作欿險也陷也王肅云窞坎底也字林云坎中小坎一曰旁入周地有名坎欿者見僖廿四年左氏傳則以欿爲窞也釋文坎苦感反欿大感反有單言欿者左氏襄廿六年傳欿用牲掘坎爲盟處也

趙岐注孟子科坎也於後坎又作欿知二字本通說文臽小阱也从人在臼上舂地坎可臽人徐鍇曰若今人作穴以臽虎也玉篇臽坑也坑亦與阬同

潬潭淵自三〇疑脫百字仞以上二億三萬三千五百五十有九

說文潬回也一曰水名楚辭漁父遊於江潭王逸注戲水側也潭亦與潯同揚子雲解嘲或橫江潭而漁廣韻潭水名又深水皃說文淵回水也詳見上淮南地形訓凡鴻水淵藪自三百仞以上二億

三萬三千五百五十里有九淵文與此微異九淵之名已於上具說

清滌浮著水也

水曰清滌曲禮下文正義云古祭用水當酒謂之玄酒也而云清滌言其甚清皎潔也樂記云尚玄酒是也案此云浮著水或本有酒在中而以水加之使其味淡若然始得玄酒之名否則即謂之明水可矣何必亦稱之爲酒乎

陽侯濤高徒汏波也

博物志七澹臺子羽渡河齎千金之璧河伯欲之

至陽侯波起初學記六大波之神曰陽侯昔陽國侯溺水因爲大海之神亦出博物志今書逸矣鮑彪注戰國韓策云說陽侯者多矣今案四八目即後人所稱聖賢羣輔錄也鮀所稱尚其本名伏羲六佐一曰陽侯爲江海葢因此爲波神歟李善注文選西都賦引蒼頡篇濤大波也高誘注淮南人閒訓波者涌起還者爲濤汰說文作泰滑也他達切今左傳作汰非楚辭九章齊吳榜以擊汰王逸注水波也洪興祖補注汰音泰案太當作汰今書皆誤

舟舫榜船○本作舡俗也⿰舟周彫艬士巖⿰舟同艜帶艒目⿰舟宿夙⿰舟寺

蒲故舺甲又狎舴責艋猛艆力唐⿰舟芻壯尤⿰舟句鈎⿰舟鹿鹿艑步典艖楚加徂多⿰舟氐丁計艡當艂扶江舡乎江⿰舟兆滔舸苦可⿰舟發撥艛力侯⿰舟叉叉⿰舟契苦計⿰舟其其⿰舟里貍⿰舟霝零舶白艀扶鳩艦衘之上聲舼洪艇挺艅餘艎黃艨蒙艟衝艗五的艏首舴側格艬禮舟也○舊本艬字上又出艗艏字幷音係誤衍上名舴艋此名舴艬與艨艟艗艏已上皆兩字舟名不應復間以一字今故刪去

說文月船也古者共鼓貨狄刳木爲舟剡木爲楫以濟不通象形案共鼓貨狄黃帝二臣也釋名舟言周流也說文方倂船也詩邶風谷風方之舟之傳云舟舩船之俗寫失之轉也箋云方泭也正義舟者古名也今名舩易曰利涉大川乘木舟虛注云舟謂

集板如今自空大木爲之曰虛郎古又名曰虛總名皆曰舟爾雅大夫方舟郭璞注併兩船公羊宣十二年傳疏引李巡曰併兩船曰方舟此郭注所本釋文方音舫或作舫又音方玉篇有舫字釋與郭同戰國楚策張儀謂方船積粟又云舫船載卒一舫載五十人一言方一言舫義亦無別王逸注楚辭九章吳榜云船櫂也廣韻榜人舟人也文選注引張揖曰榜人船長也御覽七百六十八引廣雅舫艕船也集韻艕竝兩船也益榜亦通作艕說文船舟也从舟鉛省聲廣雅舊本作舡案下自有舡字此沿俗以舡作船今改正釋

名船循也循水而行也方言九舟自關而西謂之船自關而東或謂之舟案此下所訓皆兩字爲舟名者故殊異之釋名三百斛曰䑿䑿音貂此從御覽今釋名本作貂也鉊矩也江南所名短而廣安不傾危者也案藝文類聚所引䑿作刀初學記作舠詩衞風河廣曾不容刀箋云小舩白刀正義云說文作䑿䑿小船也今說文無之又引釋名亦作刀字刀舠䑿竝通用玉篇艬⿰舟發舶⿰舟蠡皆云大船廣韻艬合木船也玉篇⿰舟同⿰舟同船艜艇船艒⿰舟宿船名⿰舟符艇短而深也方言艖謂之艒⿰舟宿小艒⿰舟宿謂之艇艇長而薄者謂

廣雅 十五

⿰舟符舺大昕案二字与凫鴨音同言其輕如凫鴨耳後人增加舟旁之艜短而深者謂之⿰舟符郭璞注今江東名艖⿰舟符者音步玉篇廣韻皆不載舺字集韻有之音訓俱本此玉篇舴艋小舟也埤蒼海中船也曰艆䑀見初學記二十五玉篇𦨴𦪙舟名水經注三十九贛水又逕谷鹿州即洲字舊作大艑處明朱謀㙔水經箋引北堂書鈔云豫章城西南有𦨴𦪙洲去度支步可二里是吕蒙作句鹿大艑處按此谷鹿洲即句鹿之譌也𦨴又作𦪇吴志吕蒙傳蒙盡伏其精兵𦪇𦪙中玉篇艑船小此蓋指扁舟言艑自有大者故臧質作石城樂云大艑載三千漸水丈五餘方言小

舸謂之艖郭璞注今江東呼艖小底者也音叉玉篇舥艢艨艟戰船也舽吴船也亦名舽艭亦名舽舡廣韻舥艢水戰船出字林集韻艞或作艒方言南楚江湘凡船大者謂之舸左太沖吴都賦宏舸連舳玉篇艛䑶艃䑧艇皆船名舣䑨也𦪉舟也集韻䑶艃作𦪽艃玉篇𦪻亦作舲小船屋楚辭九章乘舲船余上沅王逸注舲船船之有窗牖者一切經音義十引字林舶大船也今江南汎海船謂之舶崑崙及高麗皆乘之大者受萬斛也廣韻舶海中大船玉篇艀小䑨也亦作桴御覽七百六十八引廣雅

廣雅

艦大船也今書無下三字釋名上下重板曰艦四方施板以禦矢石其內如牢檻也晉書音義引字林艦屋船也玉篇艜小船御覽七百七十一引廣雅艜音邛釋名二百斛以下曰艇其形徑挺一人二人所乘行者也今書缺乘者二字據御覽補艅艎本作餘皇左氏昭十七年傳楚大敗吴師獲其乘舟餘皇即此艅艎也亦作艅艎郭景純江賦漂飛雲運艅艎釋名外今書缺外字北堂書鈔百三十八御覽七百七十皆有狹而長曰艨衝以衝突敵船也方言船首謂之閤閭或謂之鷁首郭璞注今江東貴人船前作青雀是其象也淮南子

本經訓龍舟鷁首浮吹以娛高誘注鷁大鳥也畫其象著船頭故曰鷁首玉篇艤大舟說文作艤此則以能艤合為舟名

䈥薄佳𥰭敷潢橫筏伐也舥凡謂之舷賢⿰舟侖倫謂之桄光艁舟謂之浮梁○艁舊本作造今據爾雅釋文引改

方言九泭謂之䈥䈥謂之筏筏秦晉之通語也江淮家居䈥中謂之薦此𥰭即泭也字書不載𥰭字或⿰氵符與泭之誤又作桴或作柎竝同論語乘桴浮於海馬融曰桴編竹木大者曰栰小者曰桴詩漢廣釋文引孫炎注爾雅云方木置水為柎栰也郭

璞云水中簰筏也又云水曰簰竹曰筏小筏曰柎管子小匡篇遂至於西河方舟投柎乘桴濟河方言又云方舟謂之潢郭注云楊州人呼渡津舫爲杭荆州人呼潢今本方言注杭潢互易此從宋本與廣韻同廣韻又云或作䑲說文潢以船渡也玉篇潢航也又舥舷也舷船舷案淮南說林訓客乘舟中流遺其劍遽契其舟舥俗本誤拕暮薄而求之高誘注契刻舥船弦板讀如左傳襄王出居鄭地汜之汜楚辭九章桂櫂兮蘭枻王逸注枻船旁板也一作栧又漁父篇漁父鼓枻而去注叩船舷也是舷亦謂船旁板也玉篇䑳船也

類篇桄舟前木也方言艁舟謂之浮梁爾雅天子造舟郭璞注比船爲橋釋文造廣雅作艁音同或作皁說文艁古文造也案今方言尚作艁而廣雅作造當出後人所改故今正之據汗簡則古爾雅亦作艁玉篇天子船曰艁詩大雅大明造舟爲梁箋云天子造舟周制也殷時未有等制正義引李巡曰比其舟而渡曰造舟然則比船於水加板於上即今之浮橋故杜預云即河橋之謂也

崑崙虛赤水出其東西陬子侯又鄒河水出其東北陬洋水出其西北陬弱水出其西南陬河水入東海三水

入南海

淮南地形訓河水出崑崙東北陬貫渤海入禹所導積石山赤水出其東南陬西南注南海丹澤之東赤水之東弱水出自窮石至于合黎餘波入于流沙絕流沙南至南海洋水出其西北陬入于南海凡四水者帝之神泉以和百藥以潤萬物水經注一引淮南亦與此同但少弱水出其西南陬一句傳寫脫耳

水自渭出爲澩(乎角 呼篤)水自汾(墳)出爲派

爾雅釋山夏有水冬無水澩此言水自渭出未知

廣雅卷第十上

釋草

䓘蘇白䓘也

南山經云侖音論說一音倫者之山有木焉其狀如穀而赤理其汁如漆其味如飴食者不飢可以釋勞其名曰白䓘郭注云或作睪蘇睪蘇一名白䓘見廣雅王朗書曰萱艸忘憂皋蘇釋勞

茈綦蕨也

茈與紫通用綦音其爾雅綦月爾郭注云即紫綦也似蕨可食又蕨虌郭注云廣雅云紫綦非

廣雅

生無葉可食江西謂之虌陸氏釋文亦同郭字作藄陸璣毛詩草木疏蕨山菜也周秦曰蕨齊魯曰虌初生似蒜莖紫黑色可食如葵邵氏晉涵爾雅正義謂齊民要術引陸璣疏云蕨山菜也初生似蒜莖紫黑色二月中高八九寸先有葉瀹爲茹滑美如葵今隴西天水人及此時而乾收秋冬嘗之又云以進御二月中其端散爲三枝枝有數葉葉似青蒿而麤堅長不可食周秦曰蕨齊魯曰虌此段今齊民要術所載甚略詩釋文云俗云其初生似虌脚故謂之鼈

蕺集菩負又部也

玉篇蕺疾立切菩草菩防誘切香草也又重出菩字步亥切草也廣韻蕺菩也皆本此案菩亦音倍說文云艸也易豐六二豐其蔀釋文鄭薛作菩云小席

大昕案王下疑脫萯字或菩字

王白萯負也

萯亦與菩同說文萯王萯也禮記月令孟夏之月王瓜生鄭注云萆挈也今月令云王萯生釋文萆皮八反挈起八反萯房九反案呂氏春秋孟夏紀作王菩生菩即萯字正與鄭所云今月令合初學

記王瓜蘱挈也蘱蒲結反案下別有王瓜則與王萯非一物今以革挈爲王萯正釋而凡言栝樓苦蔞者俱於王瓜條下具釋此不著

蒩子手蕺也

說文有蒩字云菜也古今注云荊揚人謂蒩爲蕺文選張平子南都賦其園圃則有蓼蕺蘘荷李善注引風土記曰蘵香菜根似茆根蜀人所謂蒩香蘵與蕺同今本蘵作蕊段氏玉裁謂作蘵乃可得其聲與蕺同善又注左太沖蜀都賦樊以蒩圃引埤蒼曰蒩蕺也謝靈運山居賦蓼蕺蔞薺吳越春秋越王從嘗糞惡之後遂病口臭范蠡乃命左右皆

食岑草以亂其氣岑草卽葴也會稽志葴山越王嘗采葴於此葴一名岑菜今吾杭食黃魚必劑之以葴俗名魚腥草是也

藒芀蘆蔥○舊作蒠訛蓢邢甘也

御覽九百九十引廣雅梨蘆慈苺也恐字訛藒說文作藜本草經曰藜蘆一名葱苒本又作蔥苒吴普本草曰藜蘆一名葱葵一名山葱一名豐蘆一名蕙葵一名公苒公亦葱之說乃葱字俗體說文作蔥字玉篇云蓢葱也廣韻云藜蘆藥名蓢葱別名

菗疇蒢除地榆也

廣雅

大昭案玉篇菗丈牛切菗茶菜蓨與茶同廣韵藸章魚切蕏藸蒠名曹憲音菗蓨為疇除下文亦云蒿藸蒠也枚乘七發溆漻蕏蓼李善注引字書蕏藸艸也蕏藸與菗蓨聲相近而本草地榆無菗蓨之名疑此菗蓨與上文蒠蒻為一類而地榆上下別有脫文也

神農本草經曰地榆苦寒主消酒生冤句無菗蓨之名廣志曰地榆可生食俱見御覽千一陶宏景云葉似榆而長初生布地而花子紫黑色如豉故一名玉豉金樓子志怪篇語曰寧得一片地榆不用明月寶珠地榆一名玉豉可煮石石美如芋御覽九百七十七作脂可食

莪蒿蘪勘蒿也

爾雅莪蘿郭注云今莪蒿也亦曰蘪蒿詩小雅菁菁者莪陸璣云莪莪蒿也一名蘿蒿生澤田漸洳之處葉似邪蒿而細科生三月中莖可生食又可

蒸香美頗似蔞蒿埤雅云藁之爲言高也一名角蒿字說曰莪以科生而俄

蕳蘭也

此本毛詩傳陸璣云蕳卽蘭香草也孔子云蘭當爲王者香草其莖葉似藥草澤蘭但廣而長節節中赤高四五尺漢諸池苑及許昌宮中皆種之可著粉中藏衣著書中辟白魚也埤雅云於文闌艸爲蘭蕳蘭不祥故古者爲防刈之也見穀梁傳蘭以闌之蕳以閒之其義一也案陸氏此說殊有理故池籞上蘭命名皆此義也

蘱力對芧才蔽苦拜也

爾雅蘱薡蕫郭注似蒲而細疏云可爲屩亦可綯以為索玉篇云芧草也廣韻云芧蔽前草箭說文云蔽草也从艸㪊聲徐鉉等案說文無㪊字當是㝡字之省而聲不相近未詳案蒯亦同蔽左氏成九年傳雖有絲麻無棄菅蒯正義引陸璣云菅似茅而滑澤無毛柔肕韌同今本訛作肋宜為索蒯與菅連亦菅之類喪服疏屨者傳曰菅傳本作蔗蒯之菲也可以為屨明肕如菅竝可以代絲麻之乏玉藻浴出杼屨蒯席鄭注蒯席澀便於洗足也

廉薑葰雖也繼。齊民要術十引葰葰廉薑也葰相繼反今案葰字衍相繼乃相維之訛說文葰薑屬可以香口儀禮既夕茵著用荼實綏澤焉鄭注云綏廉薑也澤澤蘭也皆取其香且御溼綏即葰也玉篇葰音綏胡葰香菜荾芆竝同不出葰字廣韻有之與荾荽芆竝同

草蒿青蒿也

詩小雅鹿鳴食野之蒿傳云蒿菣去刃反也正義云蒿菣釋草文此謂爾雅孫炎曰荆楚之間謂蒿為菣郭璞曰今人呼為青蒿香中炙啖為菣陸璣云蒿青蒿也荆豫之間汝南汝陰皆云菣也埤雅蒿自有

兩種有黃色者有青色者本草謂之青蒿亦恐有别也陝西綏銀之間有青蒿在蒿叢之間時有一兩株迥然青色土人謂之香蒿至深秋餘蒿並黃此蒿猶青恐古人所用以此為勝

⿰扌苟。㺃字之訛乳苦杞也

廣雅於此云苦杞下文又出枸杞然實非有二也陸璣草木疏云杞其樹如樗一名苦杞一名狗骨詩南山有臺正義作狗骨爾雅疏作地骨春生作羹茹微苦其莖似莓子秋熟正赤莖葉及子服之輕身延年案吳氏本草枸杞一名羊乳此⿰扌苟字當作㺃蓋以其形似而

名之耳

游冬苦菜也

爾雅荼苦菜釋文案詩云誰謂荼苦大雅云堇荼如飴本草云苦菜一名荼草一名選生益州川谷名醫别錄云一名游冬生山陵道旁冬不死月令孟夏之月苦菜秀易通卦驗玄圖云苦菜生於寒秋經冬歷春得夏乃成今苦菜正如此處處皆有葉如苦苣亦堪食但苦耳今在釋草篇本草為菜上品陶宏景乃疑是茗失之矣釋木篇有檟苦荼乃是茗耳顔氏家訓荼葉似苦苣而細斷之有白

大昕案艾但疑即羊泉二字之譌

汁花黃似菊埤雅此草淩冬不凋故一名游冬

黍姑艾但鹿何澤翻之舌也

黍漆本字本草有蜀羊泉唐本注云此草一名漆姑名醫別錄一名羊泉一名羊飴生蜀郡餘未詳所出

菫丑六羊蹏也

齊民要術十　菫丑六反字林云菫似冬藍蒸食之酢廣雅舊本丑作刃誤今據此改正詩小雅我行其野言采其蓫傳云蓫惡菜也箋云蓫牛蘈也亦仲春則生可采也陸璣云今人謂之羊蹄似蘆服

而莖赤可瀹為茹滑而不美本作滑而美也此從齊民要術多哎令人下氣幽州人謂之遂案爾雅蕒牛蘈不作遂郭注今江東呼草為牛蘈者高尺餘許方莖葉長而銳有穗穗閒有華華紫縹色可淋以為飲詩釋文遂本又作蓄陶宏景云今人呼禿菜即是蓄音之譌案堇蓄固同一音也本草羊蹄一名東方宿一名連蟲陸一名鬼目名醫曰一名蓄又廣韻堇恥力切蒴藋別名

牛莖牛厀也

牛莖舊本作牛荎譌今據御覽九百九十二改正亦作

牛脛陶宏景云其莖有節似厀故以爲名也厀膝本字本草經牛膝一名百倍吳普云生河內或臨邛葉如夏藍莖本赤

𧰼徒昆反世人作𧰼或豘或豚或肫竝失之耳馬莧也

此卽今之馬齒莧本草馬齒別是一種布地生實至微細俗呼馬齒莧南北朝人多與馬薤相混故顏氏家訓云江東不識馬薤講禮者乃以爲馬莧堪食亦名豚耳俗曰馬齒江陵嘗一僧面形上廣下狹劉緩幼子民譽年始數歲雋晤善體物見此僧云面似馬莧其伯父劉縚因呼爲荔挺法師縚

親講禮名儒其誤如此鮑明遠葵賦云別有鴨腳肫耳

卬昌陽菖蒲也

卬說文作茚云昌蒲也周禮天官醢人朝事之豆有昌本鄭注昌本昌蒲根切之四寸為菹左氏僖卅年傳王使周公閱來聘饗有昌歜杜預注昌歜昌蒲菹藝文類聚八十一引吳氏本草云菖蒲一名堯韭一名昌陽淮南說林訓昌羊去蚤蝨而來蚙竆高誘注昌羊昌蒲呂氏春秋遇合篇文王嗜菖蒲菹孔子聞而服之縮頞而食之三年然後勝之

大昕案别録攣夷一名犁食攣犁聲相近古書食有異音如酈食其審食其之類則攣夷即犁食之轉歟

攣夷芍藥也

詩鄭風溱洧贈之以勺藥傳云勺藥香草陸璣不識云今藥草勺藥無香氣未審今何草蓋當時但以勺藥為藥名故李善注子虛賦引服氏以為藥名引晉氏以為調和未若今之時人人能識也古今注牛亨問董仲舒曰將離别相贈以芍藥者何荅曰芍藥一名可離故將别以贈之又一名餘容一名鋋一名犁食一名婪尾春一名黑牽夷本草云芍藥猶綽約也案北山經繡山其草多芍藥郭注芍藥一名攣夷亦香草屬俗閒本作辛夷譌御覽九百九十引

廣雅作黑攣夷

菥析蓂覓馬辛也

爾雅菥蓂大薺郭注似薺葉細似字今脫據藝文類聚補俗呼之曰老薺御覽九百八十引吳氏本草云菥蓂一名析目一名榮冥一名馬騂說文作析冥

⿱艹舒舒蔀部又步古魚薺薺底反憲案說文以底為薺蒺蔾之薺字音自資也

魚薺亦薺之類佗書未有言者曹憲注以薺蒺蔾之薺音自資者詩小雅楚茨禮記玉藻作楚薺是茨薺字同故可讀為自資切

狗薺大室葶◯舊本脫藶歷也

爾雅蕇音典亭歷郭注實葉皆似芥卽引廣雅狗薺釋文引此全文云亭歷字或作葶藶同又引本草云一名大室一名大適丁歷反一名丁歷一名蕇有一蒿字今江東人呼為公薺名醫別錄云生藁城陶宏景云今近道亦有母則狗薺子細黄至苦淮南子繆稱訓亭歷愈張音脹朱震亨云葶藶性急善逐水走泄為用或云有甜苦二種甜者卽薺與析蓂不能破氣下水也月令孟夏之月靡草死鄭注舊說云靡草薺亭歷之屬正義云葶藶之屬枝葉靡細故曰靡草

藡狄萑丸也

藡即荻字亦作蔏淮南說林訓蔏苗類絮而不可為絮高誘注蔏苗荻秀楚人謂之蔏苗蔏讀敵戰之敵幽冀謂之荻苕說文萑亂也从艸萑聲胡官切爾雅蒹薕郭注似藡而細高數尺江東呼為薕釋文藡徒的反本今作萑音桓字林作藿案廣雅舊本作萑亦省文也易說卦傳震為萑葦釋文引廣雅萑藡也順易文耳廣韻萑葦易亦作萑俗作藿藿本自音灌爾雅葭蘆郭注葦也又菼亂郭注似葦而小實中江東呼為烏蓲疏云案詩大車傳

云菼鵻也蘆之初生則毛意以葭菼為一草箋不從傳云菼薍也案詩衛風碩人云葭菼揭揭陸璣云薍或謂之荻至秋堅成則謂之萑其初生三月中其心挺出其下本大如箸上銳而細揚州人謂之馬尾以今語驗之則蘆薍別草也戴氏震云毛傳蘆之初生蘆當作萑夏小正七月秀萑葦傳曰萑未秀為菼葦未秀為蘆凡詩中曰蒹葭曰葭菼曰萑葦及今人曰蘆荻皆竝舉二物蒹菼萑荻一也葭蘆葦也一也說文菼萑之初生一曰薍一曰鵻可證毛傳之誤

會及五味也

爾雅菋荎藸荎直其反藸音除郭注五味也蔓生子叢在莖頭疏云藥草也案本草五味子一名會及一名玄及唐本注云五味皮肉甘酸核中辛苦都有鹹味此則五味具也其葉似杏而大蔓生木上子作房如落葵大如蘡子

山蘄芹當歸也

爾雅薜山蘄郭注引此文云今當歸似蘄而麤大疏云說文蘄艸也生山中者一名薜一名山蘄色白者名白蘄下文薜白蘄是也生平地即名蘄御

覽九百九十八本草經曰當歸一名子歸古今注蘪蕪今書作文無亦名當歸

芪祇母兒踵東杞也

爾雅蕁莸藩音潭沈煩郭注生山上葉如韭一曰蝭母釋文本草謂之知母一名蚳母一名連母一名野蓼一名池參一名水參一名貨母一名蝭母一名女雷一名女理一名兒草一名鹿列一名韭逢一名兒踵一名東根一名水須一名莸藩一名蕁陶注云形似菖蒲而柔潤葉至難死掘出隨生須枯燥乃止堪治熱病亦主瘧疾

大昕案郝字無義似當作郄即卻字也

郝蟬丹蔘也。舊本丹作也誤

御覽九百九十一吳氏本草曰丹參一名赤參一名本羊乳一名郤本或作郄蟬草生桐柏或生太山山陵陰莖華小方如荏毛根赤四月華紫五月採根陰乾治心腹痛

飛廉扁漏同。蘆舊下衍也字。伏豬木禾也

本草飛廉一名飛輕名醫別錄一名伏兔一名木禾生河内又別出漏蘆一名野蘭陶宏景云俗中取根名鹿驪又云廣雅飛廉扁蘆今既別有漏蘆則非飛廉之別名

貝父藥實也

本草木部有藥實云一名連木名醫别錄云生蜀郡採無時

王連黄連也舊本脫黃連也三字據御覽九百九十一所引補。

御覽引本草經曰黄連一名王連生川谷范子計然曰黄連出蜀郡黄肥堅者善

蕀蒬音棘冕。遠志也其上謂之小草

說文蒬棘蒬也爾雅云葽繞蕀蒬郭注云今遠志也似麻黄赤華葉銳而黄引廣雅疏云案本草遠志一名細草其葉名小草陶注云小草狀如麻黄

而青今注云遠志莖葉似大青而小博物志苗曰小草根曰遠志顏師古注急就篇云遠志主益智惠同慧而強志故以為名其葉名小草亦目其細小也

黃良大黃也

御覽九百九十二引吳氏本草大黃一名黃良一名火參一名膚如為中將軍或生蜀郡北部或隴西二月花生生黃赤葉四四相當黃莖高三尺許三月華黃五月實黑三月採根根有黃汗切陰乾

菀蓄黃文內虛黃芩也

說文芩黄芩也御覽九百九十二引本草經一名腐腸生川谷吴氏本草黄芩一名黄文一名妒婦一名虹勝一名經芩一名印頭一名內虛二月生赤黄葉兩兩四四相值莖空中或方員高三四尺四月花紫紅赤五月實黑根黄二月至九月採錢氏大昕云⿱艹奼蓄當作⿱艹奼萯奼有妒音負有婦音後人又加艸案御覽所引奼負不加艸

因塵馬先也

御覽九百九十三引廣雅此文并引本草經曰因蒿味苦治風溼寒熱邪氣熱結黄疸久服輕身益氣能

芼生太山吳氏本草曰因塵神農岐伯雷公苦無毒黃帝辛無毒生田中葉如藍十一月採今本草作因陳又別出馬先蒿云味平主寒熱鬼注中風溼痹女子帶下病無子一名馬屎蒿名醫云生南陽據此則因塵馬先似非一物然因蒿雖亦有因塵之名而實非因陳此因塵乃卽因陳也杜詩不云乎因陳春藕香因蒿味苦不堪作茹廣雅所云蔭卽蔚也詩小雅蓼莪匪莪伊蔚陸璣云蔚牡蒿也本爾雅似蒿三月始生七月華華似胡麻華而紫赤八月為角角似小豆角銳而長一名馬新蒿案

先與新聲相近以此為即因陳庶乎不謬

虵臬○即粟字馬床虵床也

爾雅盱虺牀郭注蛇牀也一名馬牀廣雅云釋文引本草蛇牀子一名蛇粟一名蛇米一名虺牀一名思益一名繩毒一名棗棘一名牆蘼疏引陶注云近道田野墟落閒甚多花葉正似藁蕪淮南說林訓蛇牀似麋蕪而不能芳高誘注蛇牀臭麋蕪香

葽莠也

說文葽艸也詩豳風七月秀葽傳云不榮而實曰

秀葽葽草也箋云夏小正四月王萯秀葽其是乎物成自秀葽始鄭疑葽或是王萯其實非也穆天子傳二珠澤之藪方三十里爰有萑葦莞蒲茅萯蒹葽言萯又言葽非一物明矣郭注葽莠屬夏小正四月莠幽幽乃葽也小正之文多以秀為莠言幽是月方秀與豳風同戴氏震云幽葽語之轉也案說文莠禾粟下揚（此字徐鉉本缺說文繫傳有）生莠戰國魏策文侯曰夫物多相類而非也幽莠之幼似禾飽彪云莠禾下生草幽言其色茂吳師道云說文本云禾粟下傍（此傍字疑吳以意改）生草御覽（九百九十八）九葦曜問

曰甫田維莠今何草荅曰今之狗尾也案狗尾草隨處皆生魯語上馬餼不過稂莠韋注云莠草似稷而無實左氏襄卅年傳伯有氏門上生莠亦是孟子惡莠恐其亂苗趙岐注莠莖葉似苗此則田中尤易生也

常蓼馬尾蔏商陸六也

爾雅蓫薚他羊反段云他乃池字誤集韻音長馬尾郭注云廣雅曰馬尾蔏陸本草云別名薚今關西亦呼為薚江東為當陸釋文一名薚根一名夜呼如人形者有神疏又云一名白昌而獨不引常蓼案常蓼亦商陸

當陸之音轉也羅願云今俗名章柳根易夬九五莧陸夬夬王弼注莧陸草之柔脆者也馬鄭云莧陸商陸也宋衷以莧為莧菜陸乃商陸荀爽云陸取葉柔根堅也案今術家取章柳根作人形祝之則能隱形告人以未來事陸所云有神者謂此

鬼桃銚弋羊桃也

爾雅萇楚銚芅郭注今羊桃也或曰鬼桃葉似桃華白子如小麥亦似桃詩檜風隰有萇楚傳云萇楚銚弋也箋云銚弋之性始生正直及其長大則其枝猗儺而柔順不妄蔓草木正義引陸璣疏云

今羊桃是也葉長而狹華紫赤色其枝莖弱過一尺引蔓於草上今人以為汲鑵重而善没不如楊柳也近下根刀切其皮著熱灰中脱之可韜筆管中山經豐山多羊桃狀如桃而方莖可以為皮張郭璞注一名鬼桃治皮腫起本草一名羊腸又一名御弋

虎蘭澤蘭也

此與上蕳蘭別一種本草蘭在上品而此在中品經云澤蘭一名虎蘭一名龍棗生汝南又生大澤旁吴氏本草澤蘭一名水香生下地水旁葉如蘭

二月生香赤節四葉相值枝節間名醫別錄一名虎蒲

褱續斷也

褱古懷字御覽九百八十九本草經續斷一名龍豆名醫別錄一名接骨一名南草一名槐槐即褱也桐君藥錄續斷生蔓延葉細莖如荏大根本黃白有汁案龍須一名續斷見下文與此異

地髓地黃也

爾雅苄音户地黃郭注一名地髓江東呼苄疏云本草地黃一名地髓一名苄一名芑陶注云生渭城

者乃有子實如小麥圖經云二月生葉似車前高者及尺餘低者三四寸花紅紫色亦有黃花者其實作房如連翹子甚細而沙褐色淮南覽冥訓云地黃主屬骨

薰草蕙草也

說文薰香草也杜預注左氏僖四年傳同西山經浮山有草焉名曰薰郭音訓草麻葉而方莖赤華而黑實臭如蘪蕪音眉無佩之可以已癘釋天云諸侯祭以薰蓋取其香氣可以交於神明也蕙草可焚故得薰名文子上德篇腐鼠在阼燒薰於堂漢書

兩龔傳薰以香自燒古詩請説銅爐器崔嵬象南山朱火然其中青烟颺其間香風難久居空令蕙草殘藝文類聚八十一引廣志誤作廣雅蕙草綠葉紫華魏武帝以為香燒之成公綏宣清賦哀蕙草之見焚餘説蕙處下文詳之

伏神茯苓也

本草茯苓一名茯兔其有抱根者名茯神史記龜策傳下有伏靈上有兔絲所謂伏靈者在兔絲之下狀如飛鳥之形新雨已天清靜無風以夜捎兔絲去之即以篝音溝籠也燭此地燭之火滅即記其處

明即掘取之入地四尺至七尺得矣伏靈者千歲松根也食之不死博物志松柏脂淪入地千年化為茯苓茯當作伏史記及淮南說林訓俱作茯苓與苓靈並同

茈葳陵苕蘧麥也

爾雅苕陵苕郭注一名陵時本草云又黃華蔈白華茇郭注苕華色異名亦不同疏云陸璣云一名鼠尾生下溼水中七八月中華紫似今紫草可染草黄以沐髮即黑詩小雅云苕之華芸其黄矣箋云陵苕之華紫赤而繁陸璣亦言其花紫色而此

爾雅釋文引廣雅作茈萎麥句薑蘧麥也與今本異大菊蘧麥爾雅釋草文郭注一名麥句薑即瞿麥是郭氏本諸廣雅麥句薑之為蘧麥信而有徵矣大昭案本艸紫葳一名陵苕一名茇華在木部而艸部云瞿麥一名巨句麥別錄一名大菊一名大蘭陶注今出近道一莖生細葉華紅紫赤色可愛子頗似麥故名瞿麥大昭竊疑茈葳與陵苕為一艸麥句薑與蘧麥又是一艸

陸氏釋文無陵苕者因此條專釋大菊蘧麥故不備引其文今本廣雅無麥句薑者脫此三字也今擬定爲茈葳陵苕也麥句薑蘧麥也未知是否

云黄白者蓋就紫色之中有黄紫白紫耳及其將落則全變爲黄御覽九百九十二　吴氏本草紫威一名武威一名瞿麥一名陵居腹一名鬼目一名芰華如麥根黑案此在本草木部其草部别有瞿麥爾雅大菊蘧麥說文同郭注一名麥句薑卽瞿麥釋文引廣雅茈萎麥句薑蘧麥與此作陵苕不同吴普紫威一名芰陵苕亦有芰名恐此亦非誤本草瞿麥一名巨句麥一名大菊一名大蘭陶注云今出近道一莖生細葉花紅紫赤可愛子頗似麥故名瞿麥

女蘿松蘿也

詩小雅頍弁蔦與女蘿施于松柏傳云蔦寄生也女蘿菟絲松蘿也正義釋草云唐蒙女蘿女蘿兔絲毛意以菟絲爲松蘿政言松蘿也陸璣疏云今菟絲蔓連草上生黄赤如金今合藥菟絲子是也非松蘿松蘿自蔓松上生枝正青與菟絲殊異爾雅又出蒙王女郭注蒙即唐也女蘿別名是有五名

陵澤甘遂也

御覽九百九十三吴氏本草甘遂一名主田一名日澤

一名重澤一名鬼醜一名陵藁一名甘藁一名甘澤范子計然曰甘遂出三輔

馬唐馬飯也

本草蕕亦名馬唐馬飯馬食之如糖如飯故名馬唐馬飯說文蕕水邊艸也爾雅蕕蔓于郭注多生水中一名軒于江東呼蕕音由

大昕案山菫又名山芥芥菫皆薊之轉聲非傑溼之菜也

山菫荗也

爾雅朮山薊郭注今朮似薊而生山中釋文朮本或作荗疏云生平地者即名薊生山中者一名朮本草云一名山薊一名山菫一名山連一名山精

又一名山芥一名天蘇陶注云有兩種白朮葉大有毛甜而少膏赤朮葉細小苦而多膏案白朮見下文又杜若紅豆蔻皆有山薑之名與此非一種也

地血茹藘蒨也

詩鄭風東門之墠茹藘在阪箋云茅蒐生馬正義茹藘茅蒐釋草文李巡曰茅蒐一名茜可以染絳陸璣疏云一名地血齊人謂之茜徐州人謂之牛蔓然則今之蒨草是也說文茅蒐茹藘也人血所生可以染絳詩小雅瞻彼洛矣韎韐有奭傳云韎

韐下云染草則不當連韐字本皆誤行者茅蒐染草也箋云韎韐此當有韐字與傳自不同者茅蒐染也茅蒐韎韐聲也儀禮冠禮疏云周公時名蒨草為韎草以此韎染韋合之為韐史記貨殖傳集解徐廣曰茜一名紅藍其花染繒亦黄也羅願爾雅翼說文謂茹藘人血所生故蒐从艸从鬼一名地血能治血周禮秋官庶氏掌除毒蠱以嘉草攻之陳藏器謂若蘘荷及茜之類茜蒨通用

兔丠兔絲也

此兔絲别出則張揖固不以為即女蘿矣淮南子

說山訓千年之松下有茯苓上有兔絲高誘注一名女蘿又說林訓茯苓掘兔絲死高注所生者亾故死又曰兔絲無根而生博物志女蘿寄生兔絲兔絲寄生木上生根不著地御覽九百九十三吴氏本草兔絲實一名玉女一名松蘿一名蔦蘿一名鴨蘿一名複實一名赤網蓋其名有相涉者相沿亦不能細別也鄭樵云淮南子注兔絲生茯苓上今皆不然茯苓生山谷兔絲生人閒清濁異趣何由同居顏師古注急就篇兔盧即兔絲也色黄而細者為兔絲一名兔縷麤而色淺者為兔盧盧亦縷

也一名兔纍纍者繩索之意也餘見前

地筋居勤枸杞也

爾雅釋木杞枸檵郭注今枸杞也詩小雅四牡集于苞杞傳云杞枸檵也陸璣疏云一名苦杞一名地骨春生作羹茹微苦其莖葉似莓子秋熟正赤莖葉及子服之輕身益氣本草枸杞一名杞根一名地骨一名枸忌一名地輔御覽九百五十八引吳氏本草一名枸己一名羊乳名醫別錄一名卻暑一名仙人杖一名西王母杖列仙傳云陸通食橐盧木實抱朴子云枸杞一名托盧或名天精或名卻

芼

地毛莎隮隋。即字也

夏小正正月緹縞傳云縞也者莎隨也緹也者其實也先言緹而後言縞何也緹先見者也何以謂之 句 小正以著名也爾雅薃侯莎其實媞說文莎鎬侯也一名侯莎又詩小雅南山有臺傳臺夫須也陸璣疏云舊說夫須莎草也可為蓑笠都人士云臺笠緇撮傳云臺所以禦雨毛與須義相同是一物也爾雅翼莖葉似三稜周匝多毛今謂之香附子一名雀頭香江表傳魏文帝遣使於吳求雀

頭香其即謂是歟

美丹甘草也

說文云苷甘艸也御覽九百八十九引本草經曰甘草一名美草一名蜜甘此美丹其美草之譌歟別錄一名蜜草一名蕗草圖經云春生青苗高一二尺葉如槐葉七月開紫花似柰冬結實作角子如畢豆根長者三四尺麤細不定皮赤上有橫梁上下皆細根也又爾雅云蘦大苦者郭注今甘草也蔓莚生葉似荷青黃莖赤有節節有枝相當或云蘦似地黃鄭樵云近沈括以為是黃藥非甘草案夢

溪筆談爾雅注云云此乃黃蘗味極苦故謂之大苦甘草枝葉悉如槐高五六尺但葉端微尖而糙澀似有白毛實作角生如相思角作一本生熟則角坼子如小扁豆極堅嚙不破案此與圖經所言合然則大苦非甘草也

苦萃款涷。音東亦也

爾雅菟奚顆涷郭注款冬也紫赤華生水中釋文涷謝音東施都弄反讀者亦音冬案本草云款冬一名橐吾一名顆涷一名虎鬚一名菟奚一名氐冬陶注云其冬月在冰上下生則應是冬恐承音

作字異耳段氏云爾雅涷从水廣雅涷从仌施旋音涷都弄反是古與涷同音也詳謚則此作涷為是　疏　又引陶注云形似宿蓴未舒者其腹裏有絲其花乃似大菊花唐本注云葉似葵而大叢生花出根下急就篇款東貝母薑狼牙顏師古云即款冬也以其凌寒叩冰而生故為此名也急就篇又云半夏皁莢艾橐吾顏注云橐吾似款冬而腹中有絲生陸地華黃色一名獸須是款冬與橐吾非一物紫赤花者乃款冬耳楚辭九懷云款冬而生兮彫彼葉柯西京雜記董子曰款冬華於嚴冬

黄精龍銜也

博物志黄帝問天老曰天地所生豈有食之令人不死者乎天老曰太陽之草名曰黄精餌而食之可以長生抱朴子曰黄精一名鹿竹一名雞格一名岳珠服其華勝其實本草一名黄芝一名玉芝草一名戊己芝一名兔竹一名龍銜一名米鋪一名重樓一名野生薑一名救窮草一名仙人餘糧一月生苗高一二尺葉如竹葉而短兩兩相對嫩苗采為茹名筆管菜甚美莖梗柔脆頗似桃枝本黄末赤四月開青白花如小豆花結子白如黍粒

亦有無子者根如嫩生薑而黃色純得土之沖氣而秉乎季春之令久服輕身延年不飢

細條少辛細辛也

中山經云浮戲之山其東有谷名曰蛇谷上多少辛郭璞注細辛也御覽九百八十九引吳氏本草云細辛一名小辛一名細草如葵葉色黑一根一葉相連管子地員篇沃土之次曰五位羣藥生小辛御覽引作少辛

菝拔挈狗脊也

吳氏本草狗脊一名狗青一名赤節如萆薢莖節

如竹有刺葉圓赤根黄白亦如竹根毛有刺岐伯經云莖長節葉端員青亦皮白有赤脈名醫别錄一名强膂一名扶蓋一名扶筋玉篇菝葀恪八切與葜同狗脊粮也博物志拔楔與萆薢相似一名狗脊陶隱居云狗脊與菝葜相似而小異

薐芰薢古買古理苟狗也大昕案薢苟與薢茩同詩邂逅之逅或作遘可證茩有苟音　尔雅薐厥攗孫炎音居郡反又居羣反依孫氏音字當从麇不从麋說文有攗無攗故知孫本為是且厥攗雙聲英芜亦雙聲竊意薐厥攗與薢茩英芜一物而四名郭景純注雖以決明當英芜然亦兼存或說鄗意或說與說文合大著鍾山札記中曾采鄗說大昕

說文蔆芰也楚謂之芰秦謂之薢茩司馬相如說蔆从遴作蓤芰蔆也杜林說芰从多作䔅茩从艸后聲爾雅薐厥攗郭注薐今水中芰釋文蔆字又作菱本今作蔆周禮天官籩人加籩之實蔆尚書

又疑茪明羊角當與薢茩相連并為一條下文羊躑躅英光方是藥草之決明耳蔆有兩角本與羊角相似

大傳曰鉅野蔆國語楚語上屈到嗜芰韋昭注芰蔆也武陵記四角三角曰芰兩角曰蔆其花紫色晝合宵炕隨月轉移猶葵之向日洪興祖補注離騷云芰生水中葉浮水上花黃白色案今但言蔆芰罕有言薢茩者此作薢茩更未聞

茪明羊角也

此草決明也御覽九百十八 八 本草經石決明味酸草決明味鹹吳氏本草決明子一名草決明一名羊角爾雅薢茩英光郭注英明也葉黃銳赤葉實如山茱萸或曰蔆也杜子美秋雨歎詩雨中百草秋

爛死階下決明顏色鮮著葉滿枝翠羽蓋開花無数黄金錢注引本草決明夏初生苗七月有花黄白色

苓耳葹常枲胡枲枲耳也

爾雅菤耳苓耳郭注引廣雅云枲耳也亦云胡枲江東呼為常枲或曰苓耳形似鼠耳叢生如盤詩周南卷耳傳云苓耳也陸璣疏云葉青白色似胡荽白華細莖蔓生可煑為茹滑而少味四月中生子如婦人耳中璫今或謂之耳璫草幽州謂之爵耳釋文本草作枲耳云一名胡枲一名地葵一名

施一名常思陶注云一名羊負來昔中國無此物言從外國逐羊毛中來也荀子解蔽篇卷耳易得也頃筐筐易滿也然而不可以貳周行左氏襄十五年傳引卷耳詩云能官人也淮南覽冥訓瞽師庶女位賤尚葈高誘注尚主也葈者葈耳菜名也幽冀謂之檀菜雒下謂之胡葈主是官者至微賤也瞽師庶女之位復賤於主葈之官官有主臬亦本前人之訓而離騷云薋菉葹以盈室王逸注葹臬耳也逸自為九思云葈耳兮充房注云葈耳惡草名也此又各以其意為說也

雞狗獳奴侯哺公也

未詳段氏玉裁云哺公疑即唐本艸之蒲公艸今人呼為蒲公英者是處有之孫氏千金方載其效案孫氏作梟公英庚辛玉冊作鵓鴣英莖葉似苦苣斷之有白汁堪生噉花如單菊而大

羊蹢直戟躅逐錄英光也

古今注羊蹢躅花黃羊食之則死羊見之則躑躅分散故名羊蹢躅名醫別錄一名玉支生太行山及淮南陶宏景云花苗似鹿蔥案英光爾雅以為薢茩此疑有誤

艸之名堇者有二一種是烏頭尒雅芨堇艸郭注即烏頭也江東呼為堇音靳晋語置堇於肉詩疏引賈逵注堇烏頭也又謂之和堇淮南說林訓蝮蛇螫人傅以和堇是也一種是堇葵夏小正二月榮堇尒雅齧苦堇郭注今堇葵也葉似柳子如米汋食之滑說文堇艸也根如薺葉如細柳蒸食之甘蓋堇菜二月生苗其葉對節其莖中虛而有稜其氣苦馨其味微苦故名苦堇大雅緜周原膴膴堇荼如飴正謂此也蘇恭本艸注堇菜野生非人所種葉似蕺菜花紫色是也大昭案尒雅釋文引本艸蒴藋一名堇艸一名芨此篇以堇釋藋疑指烏頭之堇說文藋鳌艸也芨堇也藋芨二字連文堇芨聲相轉蓋即說文之芨矣

堇謹音世人作堇字如此失之藋徒弔也。說文堇从艸堇聲而詩禮之文但作堇字故曹憲以為失舊本正文仍作堇注內又脫堇字今皆補正

詩大雅緜堇荼如飴傳云堇菜也釋文引廣雅堇藋也云今三輔之言猶然說文堇艸也根如薺葉如細柳蒸食之甘藋鳌艸也芨堇艸也案說文藋芨二文相連而郭注爾雅以芨堇草為烏頭非廣雅所云孔氏釋詩堇荼乃以烏頭當之誤甚夏小正二月榮堇采蘩傳云皆豆實也言如芹菁之類皆可登之於豆也爾雅拜蔏藋郭注蔏藋亦似藜釋文云說文廣雅皆云堇也疏云此亦似藜而葉

大者又䕮苦菫郭注今菫葵也葉似柳子如米汋食之滑疏云本草唐本注云此草野生非人所種俗謂之堇菜葉似蕺花紫色者内則云堇荁枌榆是也鄭注内則云荁亦菫類也冬用菫夏用菫正義案士虞禮記夏用葵冬用荁鄭注夏秋用生葵冬春用乾荁不同者以經文相對各不同故也藋亦作蘿管子小匡爲蓬蒿藜蘿竝興又詩小雅北山有萊陸璣疏云萊草名其葉可食今兖州人烝以爲茹謂之萊烝案即今之灰藋菜吾杭讀藋如條猶徒弔之遺音也當與菫一類故附著之

大昭案玉篇芛華榮也草木花初生者古文作葦是葦為芛之重文非廣雅義也葦是蘳字之譌脫其半耳蘳即葟之異文集韵蘳葟也葟乃葟之譌古蔾字作藿又通作萊萊藿聲相轉說文葟艸也讀若藿又云萊蔓華也尔雅作藿蔓華小雅北山有萊齊民要術引詩義疏云萊藜也莖葉皆似菉王芻今兗州人蒸以為茹謂之萊蒸譙沛人謂雞蘇為萊三倉云萊茱萸此二草異而名同玉篇萊藜艸也廣韵與玉篇同此云藜者即說文之葟矣

葦藜也

葦說文作芛古文作葦郭注爾雅芛音豬豬釋文郭羊棰反顧羊述反案廣韻芛與葦同紐云草木初生今廣雅則專指為藜藜亦藿之類也莊子徐無鬼篇藜藿柱乎鼪鼬之逕韓詩外傳七孔子困於陳蔡之閒藜羹不糝莊子說苑皆有斯語白虎通諫諍篇曾子去妻藜烝不熟藜與藜同其初生可食故亦名葦迨其老也可為杖亦可為帚皆是物也

寄屏寄生也

凡草之附於木上者皆名寄生爾雅釋木寓木宛

童郭注寄生樹一名蔦廣雅又別出宛童寄生樢也在下文說文蔦或从木作樢樢既見下則此不謂蔦也入藥以桑上寄生為最善本草一名寄屑其即寄屏之謂歟今多以附在他木者充桑上寄生以欺人人服之或反以致害故求真者必取其與桑樹連著者始可信云

犁如桔梗也

御覽九百九十三 吳氏本草桔梗一名符扈一名白藥一名利如一名梗草一名盧如葉如薺苨莖如筆管紫赤二月生管子地員篇五位之土生桔梗戰

國齊策淳于髡曰夫求柴胡桔梗於沮澤累世不能得一焉及之睪黍梁父之陰則郤車載耳建康記建康出桔梗極精好

白茮住律反世人作朮字如此失之古文秫字牡丹也

茮有蒼白二種上云山薑茮也不言白則蒼茮也本草經朮在上品而無蒼白之別牡丹在中品云味辛寒主寒熱中風瘈瘲痙驚癇邪氣除癥堅瘀血留舍腸胃安五藏療癰創一名鹿韭一名鼠姑生山谷御覽九百九十二吳氏本草葉如蓬相値黃色根如柏黑中有核范子計然云牡丹出漢中河内

赤色者亦善案今之牡丹本名木芍藥自唐始貴重其花亦以鹿韭鼠姑名之而未有言其卽白茮者與此所言之牡丹葢名同而實異也但今之白朮產杭之於潛者最著名俗名雲頭朮切開有朱沙斑者為最良與吳普所狀亦微不合未能審其詳也

龍木龍須思臾反案說文須從彡世人作鬚字如此失之矣也

本草石龍芻一名龍須一名草續斷一名龍珠生山谷吳氏本草一名龍多一名龍本一名草毒一名龍華一名懸莞今廣雅龍木豈龍本之誤歟中

山經賈超之山其中多龍脩郭注龍須也似莞而細生山石穴中莖倒垂可以為席鄭樵以為即爾雅之薜鼠莞案郭注鼠莞纖細似龍須則非即龍須也鄭說不可從古今注龍鬚草一名縉雲草

㳅莖澤㳅也○㳅當作桼今以舊本相沿已久仍之名醫別錄澤桼一名桼桼莖大戟苗也本草大戟一名卭鉅爾雅蕎卭鉅郭注今藥草大戟也淮南繆稱訓大戟去水

顛棘女木也爾雅髦顛棘郭注細葉有刺蔓生一名商蕀廣雅

云女木也御覽九百八十九引孫炎曰一名白棘蔡夢弼注杜詩云博物志抱朴子皆言天門冬一名顛棘案今博物志無此語所引抱朴子見仙藥篇作巔棘本草天門冬一名顛勒學林新編天門冬亦名天棘其苗蔓生好纏竹木上葉細如青絲寺院庭檻中多植之可觀蔡又云天顛聲相近爾雅翼天門冬一名顛蕀

陵遊龍膽也

本草龍膽久服益智不忘輕身耐老一名陵游生川谷陶隱居云龍膽狀如牛膝味苦故以膽為名

鹿腸玄蔘也

御覽九百九十一 吳氏本草元參一名鬼藏一名正馬一名重臺一名鹿腹當作腸名醫別錄正作鹿腸一名端一名元臺二月生葉如梅毛四四相值似芍藥黑莖方高四五尺華赤生枝閒四月實黑

地精人薓所今也

薓說文作蓡云人蓡藥艸出上黨今則多用參字御覽九百九十一春秋運斗樞曰搖光星散為人參本草經一名人銜一名鬼蓋吳氏本草一名土精一名神草一名黃參一名血參一名人微一名玉精

生邯鄲三月生葉小兒核黑莖有毛三月九月採根根有頭足手面目如人名醫別錄如人形者有神生上黨及遼東案今唯出遼東者為最善吾二十許時中價僅十倍越五十年而價百倍尚止得其下者其貴可知矣

苦心沙蔘也

御覽九百九十一本草經沙參一名知母吳氏本草白沙參一名苦心一名識美一名虎須一名白參一名志取一名文虎生河內川谷或般陽瀆山三月生如葵葉青實白如芥根大白如蕪菁三月採

其蒿青蓑稴也

此别一種不與沙參爲同物但未詳其形狀所出耳羅願說蕨紫萁云蕨其二字古皆以爲助語互用物則加艸爲志爾此其蒿蓋偶不加艸者也蒿之種類甚多亦有名邪蒿者其與邪音相近疑即是也

飛芝烏毒也

未詳白樂天詩豆苗鹿嚼解烏毒注箭毒多用烏頭則與此烏毒不同

楚蘅杜蘅也

爾雅杜土鹵郭注杜衡也似葵而香釋文案本草云杜衡味辛香人衣體陶注云根葉都似細辛唯氣小異耳本草經又有杜若一名杜衡陶注云葉似薑根亦似高良薑而細氣味辛香又絕似旋蕧根治欲相亂如陶之言二種竝不似葵或恐郭誤耳衡字或作蘅疏云本草唐本注云杜衡葉似葵形如馬蹄故俗云馬蹄香生山之陰水澤下溼地根似細辛白前等博物志杜衡亂細辛史記索隱又引云一名土杏西山經天帝之山有草馬其狀如葵其臭如蘼蕪名曰杜衡可以走馬食之已癭案郭氏注子

虛賦衡蘭芷若引張揖曰衡杜衡也其狀葵其臭如蘪蕪若杜若也然則郭之說本與張固不誤矣楚辭九歌雲中君華采衣兮若英洪興祖補注云本草杜若一名杜衡今復別有杜蘅不相似杜蘅爾雅所謂杜土鹵者也杜若廣雅所謂楚蘅者也其類自別古人多雜引用

葄昨菇姑水芋烏芋也

此皆指水田中之芋也葄菇茨菰也烏芋葧臍也御覽九百七十五引廣雅作藉姑齊民要術及名醫別錄皆作藉姑陶隱居云今藉姑生水田中葉有椏

其根黄似芋子而小煑之亦可啖疑其有烏者又云有一種三字段補根極相似細而黑本作美譌葉乖異狀如莞本作莧譌俱從段改草呼為皃茨恐此也以上皆隱居説見名醫别錄　案陶前一説即茨菰後一説是葧臍政和本草不分為二物段氏云二物皆生水田中故合為一類廣雅通例如此齊民要術太平御覽引此皆在芋條下非是葃藉茨三字雙聲爾雅芍都了切皃茨郭注生下田苗似龍鬚而細根如指頭黑色可食案即所謂烏芋也後漢書劉聖公傳王莽末南方饑饉人庶羣入野澤掘皃茈而食之章懷注引續

漢書作符訾皀符音皆近蒲與勃臍亦一聲之轉也

龍沙麻黄也

本草麻黄一名龍沙吳氏本草一名卑相一名卑監名醫别録作卑鹽生晋地及河東

無心鼠耳也

御覽九百九十五引此文又引廣志云鼠耳葉如耳縹色名醫别録鼠耳一名無心草生川中下地酉陽雜俎蚍蜉酒草鼠耳也

女腸女菀也

名醫别錄女苑一名織女苑一名茆生漢中苑菀同

天豆雲實也

本草雲實一名員實侯寧極藥譜破故紙亦名天豆

薸婢昭蓱也

詩召南采蘋傳云蘋大蓱也釋文引韓詩説沈者曰蘋浮者曰薸今本誤作藻王伯厚詩攷補遺不誤蓱本又作萍爾雅苹萍其大者蘋郭注水中浮萍江東謂之薸邢本爾雅作萍蓱疏引陸璣毛詩義疏云今水上浮

萍其粗大者謂之蘋小者曰蓱季春始生可糝蒸為茹又可苦酒淹以就酒周書時訓解穀雨之日萍始生夏小正七月湟潦生草萍凡積水之區即萍生焉以為楊花所化而亦不盡然也淮南地形訓容華生蔈蔈生萍藻萍藻生浮草高誘注容華芙蓉草花蔈流也無根水中草也蔈與薸瓢皆通用今南方通謂之薸

笁竹也其裦曰笢民忍其裏曰笨步本篙䉋素但筍鉤篅端

桃支也箾䈾婿䉆至也

笁舊本下作工他書皆然蓋取字形豐滿耳廣韻

云从工者俗作也說文竹冬生艸也象形下坐者箁薄侯切箬而勺切也笢竹膚也筡竹裏也玉篇䈴公達切䈴蘇旱桑葛二切桃支竹也𥶽𥷃亦桃支竹也支亦作枝爾雅桃枝四寸有節郭注今桃枝節間相去多四寸文選左太沖蜀都賦靈壽桃枝劉逵注桃枝竹屬也出墊江縣元和郡縣志合州銅梁山出桃枝竹杜子美在梓州有桃竹杖詩蘇子瞻跋其後云桃竹葉如椶身如竹密節而實中犀理瘦骨蓋天然拄杖也西山經嶓冢之山多桃枝鉤端郭注鉤端桃枝屬箭古箭字爾雅篠箭書禹

貢篠簜既敷正義篠為小竹簜為大竹爾雅釋地東南之美者有會稽之竹箭焉周禮夏官職方氏揚州其利金錫竹箭鄭注箭篠也故書箭為晉案吳越春秋句踐歸國外傳晉竹十廋以復封禮晉竹即箭竹謂可以為箭者故名箭古讀箭為晉元人徐天祜以廋即艘船之總名余案詩魯頌泮水束矢其搜傳以五十矢為束則搜即束之謂矣而傳訓搜為衆意箋則訓為勁疾似皆未當廋當與搜同十廋五百箇也上言文笥七枚狐皮五雙則五百箇亦正相等矣⿱竹婸亦作⿱竹媢王篇長節深根筍

廣雅 三七

冬生西山經英山多箭䉋郭注今漢中郡出䉋竹厚裏而長節根深筍冬生地中人掘取食之又中山經暴山其木多竹箭䉋箘⿱竹埶字無考集韻下从執音至即以為廣雅之箭䉋也又音緝又音執竹名未知孰誤

菌薰也其葉謂之蕙

薰草蕙草也已見上文離騷雜申椒與菌桂王逸注菌薰也葉曰蕙根曰薰與此合郭璞注西山經云蕙香草蘭屬或以蕙為薰葉失之莊子齊物論蒸成菌益菌者蒸鬱之氣所生香草亦必乘暄暖之

氣而後發故亦名爲菌菌與薰音相近薰亦得名於熏烝也本草云薰草一名蕙草生下溼地陶隱居云俗人呼鷰草狀如茅而香人家頗種之廣志云蕙草綠葉紫花陳藏器云此即是零陵香南越志名燕草案草木之香者多盛於南方天時則炎熇地氣則蒸溼此其所以獨盛歟

蕖渠芋也其莖謂之蔌

說文芋大葉實根駭人故謂之芋也齊人謂芋爲莒孝經援神契仲冬昴星中收莒芋此云蕖芋葢即莒芋也渠者大也謂芋魁也漢書翟方進傳童

謠云飯我豆食羹芋魁師古注羹芋魁者以芋魁為羹也廣韻芋一名蹲鴟廣雅云蜀漢以芋為資凡十四等大如斗魁其車聲鋸子旁巨青鳥等四種多子案此非廣雅文廣韻誤也史記貨殖傳卓氏曰吾聞汶山之下沃野下有蹲鴟至死不飢博物志野芋食之殺人家芋種之三年不收後旅生亦不可食列仙傳梁客為梁丞使民益種芋三年當大飢卒如其言梁民不死賈思勰云芋可以救飢饉度凶年今中國多不以此為意及水旱之災便餓死滿道悲夫人君者安可不督課之也哉案

芋多生水鄉今大河以北猶不聞有此然豈無澤數沮洳之地堪種植者貫若此言洵救荒之要也故并著之玉篇菆芋莖也本此

⿱艹攣劣船力眷茆鳧葵也

說文⿱艹攣鳧葵也茆今說文作茆亦云鳧葵也引詩言采其茆東吳惠氏棟云茆即莤字說文酉部已有莤字此當本从丣作茆徐邈乃以詩薄采其茆為柳音是混茆茆為一非也案今詩作茆傳云鳧葵也陸璣疏茆與荇菜相似葉大如手赤圓有肥者著手中滑不得停莖大如匕柄葉可以生食又

可鬻滑美江南人謂之蓴菜或謂之水葵諸陂澤水中皆有楚辭招魂紫莖屏風王逸注屏風水葵洪興祖補注本草鳧葵即莕荇同莕菜生水中俗名水葵

菎古本藚也

說文菎作⿱艹第云艸也玉篇藚子登切菎藚草也招魂云菎蔽象棊洪興祖補注菎香草也本玉篇

荆葵荍巨遙也

爾雅荍蚍衃郭注今荆葵也似葵紫色謝氏云小草多華少葉葉又翹起詩陳風東門之枌視爾如

荍傳云荍芘芣也芘蚍通亦作毗芣衃通又作蚽
陸璣疏云芘芣一名荊葵似蕪菁華紫緑色可食
微苦古今注荊葵一名戎葵華似木槿而光色奪
目有紅有紫有青有白有赤莖葉不殊但花色異
耳一名蜀葵

茚邛蓂也

玉篇茚蓂莢實也案蓂莢瑞草也御覽八百七十三引
風俗通曰按孝經說古太平之時蓂莢生階其味
酸王者取以調味後以醯醢代之今廣雅但云蓂
而顧野王何以知其為蓂莢實殆未可信故緯書

所載一切之說今皆不録

苞蕍也

說文苞艸也南陽以為麤履布交切麤倉胡切文選司馬長卿子虛賦其高燥則生葴菥苞荔張揖曰苞藨〔俗本譌蔍〕也案玉篇藨蒯屬可為席平表切廣韻蕍圓草褥也徒□切廣雅所指不知是否案草木叢生亦曰苞亦作包禹貢徐州草木漸包傳云叢生因疑蕍即榆也齊民要術言榆一根上必十數條俱生止留一根强者餘悉掐去之此非叢生之謂乎然則此必有脫文未可知

水茵蒥也大昭案玉篇蒥似入切蒥茵水艸也廣韵蒥茵水艸出埤蒼舊本茵譌蒥音釋亦譌目今擬訂正

水苜目蒥習也

玉篇蒥茵水草也

屈居盧茹也

御覽九百九十一吳氏本草閭茹一名離樓一名屈居葉圓黃高四五尺葉四四相當四月華黃五月實黑根黃有汁亦同黃三月五月採根黑頭者良建康記建康出草盧茹今本草閭作藺字俗

⿱艹醜醜菝荾綏葀也

廣韻⿱艹醜與菝葀竝訓瑞草荾綏二字疑後人增改之誤曹憲必以茇音菝字而誤為荾後人又妄增

廣雅

罡

一綏字於下而致衍也荄即萱草之萱見爾雅釋文亦不讀綏且不當閒於荍蕗之中也蕗字下从手舊譌从禾不可從文選揚子雲甘泉賦攢并閭與荄蕗兮紛披麗其亡鄂李善注荄蕗草名也荄步末切蕗音括疑曹憲於此蕗字下亦必有音而今脫去耳

蕎 橘 子菜也

廣志子菜一曰馬芹案凡草木之壯大異於常等者率名爲馬疑此亦在芹中而種獨大者耳

山茝蔚香藁本也

荀子大略篇蘭茝槀本漸於蜜醴一佩易之本草槀本一名鬼卿一名地新名醫别錄一名微莖樊光注爾雅云槀本一名藁蕪根名蘄茝案茝通又郭璞云藁本藁茇步末切也見上林賦注但無言蔚香者水經注三城水又經香山山上悉生槀本故以名焉淮南氾論訓夫亂人者若芎藭之與藁本也蛇牀之與麋蕪也此皆相似者也高誘注言其相類但其芳臭不同

貫節貫衆也

爾雅篇苻止郭注云未評又濼貫衆注云葉圓銳

廣雅 四三

𦶍毛黑布地冬不死一名貫渠廣雅云貫節釋文眾音終本草一名貫節一名貫渠一名百頭一名虎卷一名篇苻一名伯藥一名藥藻所謂草鴟頭也篇苻止郭云未詳本草乃是貫眾案釋文所云是貫眾亦一名止樂也陶注本草云葉如大蕨形包毛芒全似老鴟頭故呼為老鴟頭

𦼮音起實𠷎憶呂也

說文𦼮艸也一曰薏苢蓄薏苢一曰蓄英本草薏苢仁一曰解蠡名醫別錄一名屋菼一名起實一名𦼮帝王世紀鯀妻修己吞薏苢而生禹後漢書

馬援傳援在交趾嘗餌薏苡實用能輕身省慾以勝瘴氣南土薏苡實大援欲以爲種軍還載之一車

女青烏葛也

本草經女青一名雀瓢御覽九百九十三作翻吴氏本草一名霍由祇案衛詩芄蘭之支陸璣云一名蘿摩幽州人謂之雀瓢名醫別錄雀瓢白汁主蟲蛇毒即女青苗汁也

巴尗巴豆也

尗即菽字御覽九百九十三引此即作巴菽本草經巴

豆一名巴菽舊作巴椒亦通淮南說林訓云魚食巴菽而死人食之而肥列仙傳乡俗餌巴豆賣藥都市七九一錢治百病范子計然曰巴菽出巴郡

烏眤廉也

未詳

燕薁奥 蘡舌也

詩豳風七月六月食鬱及薁傳云薁蘡薁也正義與鬱皆以木果釋之鬱為車下李薁為薁李然李未若棗之廣益於人詩何屑屑及此下云烹葵及

菽則鬱薁當是草實之類御覽九百七十四引毛詩題綱曰葛藟一名燕薁藤好生河滸邊得水潤而長喻王九族蒙王恩惠以育子孫今王無澤於族人不如葛藟生河滸邊也宋書謝靈運山居賦野有蔓草獵涉蘡薁更可見蘡薁之為草類明矣

茈䓞茈草也

說文茈艸也藐茈艸也䓞艸也可以染留黃爾雅藐茈草郭注可以染紫一名茈䓞廣雅云本草一名紫丹一名紫芺御覽九百九十六作紫英又引本草一名地血吳普云紫草節赤二月花又引此紫䓞

作紫茢茢音仍定是誤西山經勞山多茈草郭注
一名茈戾中染紫也
蕿悅橤芡儉雞頭也
此出方言三下云北燕謂之蕿青徐淮泗之間謂
之芡南楚江湘之間謂之雞頭或謂之鴈頭或謂
之烏頭郭注今江東呼蕿狀如鳥本作烏今從埤雅作鳥頭
故轉以名之周禮大官籩人加籩之實蔆芡鄭注
芡雞頭也疏云今人或謂之鴈頭淮南說山訓雞
頭已瘻高誘注瘻頸腫疾雞頭水中芡也幽州謂
之鴈頭

周麻升麻○舊脫二字也

御覽九百九十引廣雅周此下誤衍一升字今刪麻升麻也知今本文脫據以補之大觀本草經升麻一名周麻生山谷又云生益州華陽國志南中志建寧郡牧麻縣山出好升麻牧麻本漢牧靡縣靡亦音麻晉始改為牧麻也續博物志牧靡縣因草得名生牧靡可以解毒鳥多誤食烏喙口中毒必急飛往牧靡山啄牧靡以解毒

土瓜芴勿○音也

爾雅菲芴郭注即土瓜孫炎曰菲葍類詩邶風谷

風采葑采菲傳云菲芴也陸璣云菲似蔔莖麤葉厚而長有毛三月中蒸鬻為茹滑美可作羹幽州人謂之蒠菜今何内人謂之宿菜正義云爾雅又云菲蒠菜郭注菲草生下溼地似蕪菁華紫赤色可食郭注似是別釋如陸璣之言又是一物某氏注爾雅二處引此詩即菲也芴也蒠菜也土瓜也宿菜也五者一物也崔寔四民月令二月盡三月可采土瓜根

睽苦圭菇𤬪古侯甊盧侯王瓜也

爾雅鉤藈姑郭注鉤甊也一名王瓜實如瓝音雹瓜

正赤味苦月令孟夏之月王瓜生本草云王瓜一
名土瓜陶注云土瓜生籬院閒子熟時赤如彈丸
唐本注云四月生苗延蔓葉似栝樓葉但無叉缺
有毛刺五月開黃花花下結子如彈丸生青熟赤
根似葛而細多糝案今亦呼為瓜蔞其根即天花
粉也乃說者多與栝樓混而為一爾雅果臝之實
栝樓郭注今齊人呼之為天瓜高誘注淮南時則
訓云王瓜栝樓也亦作⿰舌瓜⿰婁瓜詩豳風東山正義引
本草云栝樓葉如瓜葉形兩兩相值蔓延青黑色
六月華七月實如瓜瓣說文苦蔞果蓏也本草一

名黄瓜音同而字異陶宏景注云出近道藤生狀似土瓜而葉有又實中是與瓝瓠各異也又案王萯亦與王瓜文相涉今當以訓萆挈薢挈茇葜者俱歸之王萯庶不相混

玉延藷（市悆）藇（羊恕）署預也

北山經云景山其土多草藷藇（御覽引作草多諸藇案山海經下文云其草多秦椒有其草字與上文不宜複故仍本文）郭璞注根似羊蹄可食曙豫二音今江南單呼為藷音儲語有輕重耳御覽（九百八十九）引吳氏本草云署豫一名諸署秦楚名玉延齊越名山芋鄭趙名山羊一名脩脆一名兒

草案今人名山藥署豫下一字避唐代宗諱豫改爲藥上一字避宋英宗諱曙遂改爲山藥相沿至今也

恆山蜀桼也

恆山本草作常山當由避諱所改本草恆山與蜀漆分兩條恆山一名互草御覽九百九十二作亙草味苦寒蜀漆味辛平名醫別錄蜀漆常山苗也范子計然曰蜀漆出蜀郡

藟藤也

詩周南樛木葛藟纍之正義藟與葛異亦葛之類

也陸璣云藟一名巨荒作苽者譌似燕薁亦延蔓生葉
似艾白色其子赤亦可食酢而不美齊民要術引
詩義疏作苣荒又云幽州謂之椎櫐易困上六云
困于葛藟亦連葛言之爾雅釋木諸慮山櫐郭注
今江東呼櫐為藤似葛而麤大又欇音涉虎櫐郭注
今虎豆纏蔓林樹而生莢有毛刺今江東呼為欇
力反 輒攝案櫐即藟釋文字或作虆案又作纍中山
經卑山其上多櫐今本作纍譌郭注今虎豆貍豆之屬
櫐一名縢櫐音誄縢又藤之異文楚辭劉向九歎
云葛藟虆於桂樹王逸注葛藟巨荒也一本作葛

荒者譌

石髮石衣也

爾雅藫音潭石衣郭注水藻也一名石髮江東食之釋文藻徒來反水青衣也本今作苔疏云案本草有陟釐別本注云此即石髮也色類苔而麤濇為異御覽一千引風土記曰石髮水衣也青綠色皆生於石也陟釐亦名側理可為紙名苔紙其苔水中石上生如毛綠色

采似醉䆃禾。舊作采誤也

說文采禾成秀人所收也从爪禾爪人所以收或

从禾惠聲作穗䆃禾也从禾道聲司馬相如曰䆃一莖六穗徒到切案文選載相如封禪文導一莖六穗於庖李善注引鄭康成曰導擇也一莖六穗謂當有擇字嘉禾之米於庖廚以供祭祀案䆃訓禾亦兼有導擇義俗本廣雅下采字必誤既不可云采采也又不可以采䆃及䆃采連文故當從說文作禾段氏玉裁所見漢魏叢書本有作采者謂采䆃皆有采擇之義作采為是

秆古旱䅝空又苦江稭古八稾也

說文稈禾莖也春秋傳曰或投一秉稈或从干作

秆稭禾稾去其皮祭天以爲席稾稈也案左氏昭廿七年傳鄅將師攻郤氏且爇之或取一秉秆焉國人投之許氏約其文也廣韻稭稈稭又與秸鞂通用書禹貢三百里納秸服傳云秸稾也釋文引馬融云去其穎禮記禮器莞蕈之安而稾鞂之設鄭注穗去實曰鞂引禹貢三百里納鞂服

黍穰謂之䄺例稻穰謂之稈稷穰謂之䅳莊于

說文穰黍䵤已治者䵤黍穰也稈已見上文玉篇䅳七于切稷穰也本此

麻黃莖狗骨也

麻黄已見上文其莖又名狗骨

白芷其葉謂之葯約

楚辭九歌湘夫人辛夷楣兮葯房王逸注葯白芷也西山經號山其草多葯虈郭注葯白芷别名虈香草也説文芷作茝虈也昌改切虈楚謂之蘺晋謂之虈齊謂之茝本草經白芷一名芳香吴氏本草白芷一名虈一名澤芬一名莞名醫别録又一名苻離一名蒚麻孫氏星衍云按名醫所云似即爾雅莞苻離其上蒚説文别有莞夫蘺也蒚夫蘺上也是非一草舍人云白蒲一名苻蘺楚謂之莞豈

蒲與莁相似而名醫因誤說乎或說文云楚謂之蘺即夫蘺也未可得詳

公蕡浮沸符分穰葇柔蕭乃頂䓊轄荏蘇也

方言三蘇亦荏也關之東西或謂之蘇或謂之荏周鄭之間謂之公蕡音翠沅湘之南或謂之䓊音轄其小者謂之𧅗葇郭注蘇荏屬也今江東人呼荏為菩音魚長沙人呼野蘇為䓊𧅗葇堇葇也亦蘇之種類據此則穰當作𧅗說文葇也从艸𧅗聲堇艸也讀若釐爾雅蘇桂荏郭注蘇荏類故名桂荏此注中間似脫以其味辛似桂一句當依疏補

廣雅 五十

之疏似桂亦誤作似荏疏引陶注本草云葉下紫色而氣甚香其無紫色不香似荏者名野蘇生池中者名水蘇一名雞蘇皆荏類也說文繫傳荏白蘇也桂荏紫蘇也玉篇長沙人呼野蘇爲蓍香菜蘇類也中山經熊耳之山有草焉其狀如蘇而赤華名曰葶薴可以毒魚郭音亭寧耵聹二音廣韻耵都挺切聹乃挺切

秈仙稉也秫述稬奴卧也⿱臤黍口見殄⿰黍麻亡皮⿰禾矞旬程皇穄也

玉篇秈杭稻也說文杭稻屬或从更作稉顏師古注漢書東方朔傳云稻有芒之穀總稱也杭其不

秫稬也廣韵以秫釋稬或疑其稻稷不分大昭案此秫稬與上秈稉相對秈與秔本非一物秫與稬又何必指為一物張博士不過就黏與不黏別言之耳秫是稷之黏者稬是稻之黏者故亦得為一類

黏者也音庚說文秫稷之黏也稷穄同也五穀之長沛國謂稻曰稉此作稬俗爾雅衆秫郭注謂黏粟也玉篇稬黏也又秫名俗作糯今浙人日所常食者稉也稬乃晚稻之黏者以為粔籹之類⿰黍巠玉篇作⿱臤黍云䵚也穄也⿰黍麻即䵚字之異者俗本黍旁加皮譌也今改正說文䵚穄也呂氏春秋本味篇陽山之穄注穄關西謂之䵚冀州謂之⿱臤黍說文穄程穀名玉篇穄名關西䵚似黍不黏為穄集韻類篇⿰黍麻俱謨加切引廣雅云穉也疑誤

黂扶云⿰麻朱誅也

黂說文作萉枲實也或从麻賁爾雅黂枲實郭注引禮記曰苴麻之有實者淮南說林訓黂不類布而可以為布高誘注黂讀左傳有蜚不為災之蜚與曹憲音皆異𪎭類篇集韻皆追輸切穀名引此文

大豆茮也小豆荅也豍布兮豆豌烏丸豆䝁留豆也胡豆䜼江平䝄雙也

茮古作尗菽竝同今通用菽字說文尗豆也象尗豆生之形也詩大雅生民蓺之荏菽傳云荏菽戎菽也箋云戎菽大豆也正義引釋草云戎菽謂之

荏菽孫炎曰大豆也樊光舍人李巡郭璞皆云今以為胡豆春秋齊侯來獻戎捷莊卅一年穀梁傳云戎菽也郭璞等以戎胡俱是夷名故以戎菽為胡豆后稷種穀不應捨中國之種云云文弨案胡亦大也郭璞等以當時呼為胡豆目訓詁家以今況古往往有之正義所疑非也列子力命篇進其茙菽有稻粱之味亦不定作戎字說文荅小尗也晉書律志九章商功法程菽荅今本譌合麻麥一斛積二千四百三十寸玉篇豌豆也豌蹓豆相釋或以為豌豆即今之藊豆未知然否李時珍云豌豆其苗柔

弱宛宛故得豌名百穀中最先登者案今北方多產此豆之以為餅餡極恬美蹓集韻又音聊類篇并州謂豆曰蹓李時珍云跭䠭豇豆也此豆紅色居多莢必雙生故有跭䠭之名廣雅以為胡豆誤案胡豆即大豆故李云然

大麥麰牟也小麥麳來也

說文麥芒穀秋穜厚薶故謂之麥麥金也金王而生火王而死从來有穗者从夊來麰麥也麰或从艸作苹詩周頌思文貽我來牟傳牟麥釋文牟字書作⿱敄麥引孟子⿱敄麥大麥也案今孟子作麰趙岐注

大麥也詩正義引說文云麰周所受來牟也一麥二夆象其芒刺之形天所來也今說文作周所受瑞麥來麰一來二縫象芒朿之形漢書劉向傳引詩貽我釐麰釐麰麥也始自天降惠氏棟云案郭顯卿字指字本作秜古文省故作來徐仙民音釐為來廣雅作麳俗作之案玉篇有麳字力該切小麥也麳同

䅯斜䅽私茅穗似醉也蒲穗謂之蓴大丸

黄公紹韻會說與此同玉篇䅯穗也類篇音荼則以為禾穗也說文䅽茅秀也蓴蒲叢也

廣雅

五三

䅯䅽茅穗也大昭案䅯即荼之異文鄭風出其東門有女如荼箋荼茅秀物之輕者飛行無常地官掌荼注荼茅秀也

箘簬路𥳍眞𥳑苦拜笴公但簫䉠衛箭也

書禹貢荆州惟箘簬楛三邦厎貢傳云箘簬美竹正義鄭云箘簬聆風也竹有二名或大小異也箘簬是兩種竹也說文簬古文作簵玉篇𥳍𥳑皆云竹箭也𥳑古怪切笴箭簳同簳文選王子淵洞簫賦原夫簫簳之所生兮于江南之邱墟洞條暢而罕節兮標敷紛以扶疎蓊此竹本名簫而取之為樂器亦可以為箭也玉篇䉠箭也說文箭矢竹也餘見上文

蕉抿奚毒附子也一歲為萴阻力。切子二歲為烏喙許。

纖切

三歲為附子四歲為烏頭五歲為天雄

蕉玉篇作藮莊卓切藮蒵毒即附子也廣韻作蕉與此同亦注作蒵毒本草經烏頭一名奚毒一名即子淮南主術訓天下之物莫凶於雞毒然而良醫橐而藏之有所用也高誘注雞毒烏頭意林又作溪毒字互異博物志烏頭天雄附子一物春秋冬夏採之各異顏師古注急就章云烏喙形似烏之觜也附子附大根而旁出也此與烏頭側子天雄本同一種但以年歲遠近為殊採之有異功用亦別以下所說與廣雅同荝子作側子與即子同

一物也說文萴烏喙也吴氏本草附子一名莨一名千秋一名毒公一名卑負御覽九百九十作果負一名耿子正月始生葉厚莖方中空葉四四相當與蒿相似烏喙形如烏頭有兩枝相合如烏之喙故名曰烏喙也燕策云人之飢所以不食烏喙者以為雖偷充腹而與死同患也萴子是附子角之大者爾雅芨堇草郭璞注即烏頭也江東呼為堇音靳晉語二驪姬將譖申生寘鴆於酒寘堇於肉賈逵曰堇烏頭也出詩正義本草經天雄一名白幕淮南繆稱訓天雄烏喙藥之凶草也良醫以活人

蘤說為葩菁蘂華也○舊華上有花字孫詒穀云衍文案古無花字花即華之俗體後人或以花注華字㫄以曉讀者而因誤寫入正文耳今刪

玉篇蘤花榮也後漢書張衡思玄賦百卉含蘤章懷注引張揖字詁蘤古花字也說文蘤華也李善注江文通擬許徵君詩丹葩曜芳蕤引葩華也又尚書虞夏傳菁華已竭褰裳去之李善注張平子西京賦麗服颺菁云菁華英也菁為韭華見下李又注郭景純江賦翹莖瀵𨶒蘂引蘂華也廣韻華內曰䔢華外曰蘂本亦作蕊華說文作䔢況于切草木華也或从艸从夸方言一華荂晠同晠也齊楚

廣雅

之閒或謂之華或謂之荂郭璞注荂亦華別名音誇爾雅華荂也華荂榮也木謂之華草謂之榮郭又注今江東呼華為荂與說文以荂為華之別體異

棓步項杜䕼予巧芆橃荄古來株枹也

棓今作棓其為根未詳今俗謂樹木初生細小者為棓或亦沿古義也詩豳風鴟鴞徹彼桑土傳云桑土桑根也釋文土音杜韓詩作杜義同案古土杜通用漢書地理志杜陽師古注引大雅緜自土沮漆齊詩作自杜也方言三荄杜根也東齊曰杜

或曰茭爾雅葯茭郭注今江東呼藕經緒如指中空可啖者為茭茭即此類釋文茭字又作䕸今茭譌胡巧反又胡交反廣雅云根也又荄根郭注別二名俗呼韭根為荄案爾雅四字本相連注間之因分為二條疏於上云郭氏舉類以曉人下云此舉一隅也觀疏此語亦本不誤會以茭為專指藕根荄專指韭根也廣韻䕸下巧切草根亦竹筍也或作茭又古巧切重出此字引郭璞云江東呼藕根說文株訓木根根訓木株戰國秦策一削株掘根韋昭注周語上引氾勝之農書云孟春土長冒橛

陳根可拔

蕍弋箠隷箠蔕也

說文蕍藍蓼秀廣雅葢不指此爾雅蕍芛葟華榮郭注今俗呼草木華初生者為芛音貐豬釋文芛郭音貐羊棰反疏云此别草木榮華之異名也案蕍與芛音相同則義亦同廣韻蕍草木葉初出者葉似當作華今人但知花朵字即朶之朶不復作蕍字矣玉篇廣韻皆云蔕草木綴實

萌芽甾夢蒙。音孽也

說文萌草芽也芽萌芽也禮記月令孟春草木萌

動是通訓也漢書律志天統之正始施於子半日萌色赤地統受之於丑初日肇化而黃至丑半日牙化而白人統受之於寅初日孽成而黑至寅半日生成而青書傳略說云周以至動殷以萌夏以芽是萌芽孽三者亦各有序也菑本亦作蕾爾雅釋木木立死菑郭璞注木弊也踣頓菑字林作椔詩大雅皇矣作之屏之其菑其翳說文有蔓字云灌渝也讀若萌東吳江氏聲曰即爾雅其萌蘿蕍也郭以蕍字連下芛葟華榮讀而謂蘿䔅之類其初生者皆名蘿音纏綣與許慎異今廣雅之意當蕍

其萌蘿蕍大昭案其通作箕說文箕籀文作𠀠明夷九五箕子之明夷蜀才从古文作其子其亦作萁其古音荄蜀人趙賓述孟氏之易以為箕子明夷陰陽氣無箕子其子者萬物方荄茲也今其與萌蘿蕍連文當為荄茲之義

廣雅

釋詁基始也其與萌同意此條與廣雅無涉因論及尒雅而呈其説以就鈞正

木已死而復有萌焉者如肄生之類蘖與萌音義竝同孟子牛山之木嘗美矣斧斤伐之是其日夜之所息雨露之所潤非無萌蘖之生焉説木櫱伐木餘也商書曰若顛木之有甹櫱或从木辥聲作蘖又古文作不从木無頭又作桙今此蘖字亦俗作也釋木肄枿也枿亦與蘖同餘見下篇

蘇茉芀内○舊本譌作菜芥○舊本譌作芬莽蘆千古毛草也

方言三蘇芥草也郭璞注漢書曰樵蘇後爨蘇猶蘆語轉也○案見漢書韓信傳又云江淮南楚之閒曰蘇自關而西或曰草或曰芥注云或言菜也○菜當是茉又

云南楚江湘之閒謂之莽嫫母莊子天運篇蘇若取
而爨之釋文李云蘇草也說文莱耕多艸玉篇亦
同今字書失收左氏哀元年傳以民為土芥孟子
君之視臣如土芥趙岐注芥草芥也爾雅菌蘆郭
璞注作履苴草菌音魯苴音將呂反左氏隱三年
傳澗谿沼沚之毛杜預注毛草也古今注地以名
山為輔石為之骨川為之脈草木為之毛周禮地
官載師宅不毛者有里布鄭司農云謂不種桑麻
也公羊宣十二年傳錫之不毛之地何休注不毛
者墝埆不生五穀是桑麻五穀之屬亦皆曰毛也

艸藂生為薄

漢書揚雄傳甘泉賦列新雉於林薄師古注同李善注文選即引廣雅此句藂即叢字楚辭九章涉江云露申辛夷死林薄王逸注草木交錯曰薄招隱士叢薄深林洪興祖補注深草曰薄本高誘注淮南主術訓

蓍耆也

說文蓍蒿屬生千歲三百莖易以為數天子蓍九尺諸侯七尺大夫五尺士三尺蓋本禮三正記白虎通蓍龜篇乾艸枯骨衆多非一獨以蓍龜何此天地間

壽考之物故問之也龜之為言久也蓍之為言耆也久長意也

益母充蔚也

爾雅云萑蓷郭璞注今茺蔚也詩王風中谷有蓷傳云蓷雛也陸璣草木疏云舊說及魏博士周元明皆云菴蕳是也韓詩及三蒼說悉云益母故曾子見益母而感劉歆曰蓷臭穢臭穢即茺蔚也本草茺蔚子一名益母一名益明一名大札生池澤名醫别錄一名貞蔚

菅茅也

說文茅菅互相訓玉篇菅茅屬也詩小雅白華菅兮白茅束兮傳云白華野菅也已漚為菅箋云菅柔忍同紉中用而更取白茅收束之茅比於白華為脃左氏成九年傳雖有絲麻無棄菅蒯正義引陸璣毛詩疏云菅似茅而滑澤無毛柔肕同紉宜為索漚乃尤善矣詩正義云茅雖比菅為脃其實茅亦可用七月云晝爾于茅宵爾索綯是茅可以為索又菅亦作𦸈中山經青要之山有草如𦸈郭注菅似茅也

粢黍稻其采辭醉謂之禾

粢說文作齋稷也或从次作粢今文作粢爾雅粢稷郭注今江東人呼粟為粢釋文左傳云粢食不鑿在桓二年杜注黍稷曰粢陶隱居注本草云衆家釋粢皆曰粟如稷即粟也然本草稷米在下品粟米在中品又似二物說文黍禾屬而黏者也以大暑而穜故謂之黍从禾雨省聲孔子曰黍可為酒禾入水也爾雅秬黑黍秠一稃二米郭璞注秠亦黑黍但中米異耳又稌稻郭注今沛國呼稌御覽八百三十九春秋說題辭曰稻之為言藉也稻冬含水盛其德也故稻太陰精含水漸洳乃能化也江南多

稻固其宜也宋均注稻包裹也稻非水不生故曰陰精也初學記引說題辭云禾者衘滋之宋均注衘滋液以生故以禾為名說文禾嘉穀也二月始生八月而孰得時之中故謂之禾禾木也木王而生金王而死从木从𠂹省𠂹象其穗淮南繆稱訓夫子見禾之三變也滔滔然曰狐鄉邱而死我其首禾乎高誘注夫子孔子也三變始於粟粟生於苗苗成於穗禾穗垂而向根君子不忘本也此云其采謂之禾亦取其下垂之義故粱黍稻之穗皆總名為禾

豆角謂之莢其葉謂之藿

呂氏春秋審時篇得時之菽長莖而短足其莢二七以為族高誘注一七十四實也齊民要術二汜勝之書曰穫豆之法莢黑而莖蒼輒收無疑其實將落反失之說文藿尗之少也今通作藿易林漸之乾曰旦種菽豆暮成藿葉戰國韓策張儀說韓王曰韓地險惡民之所食大抵豆飯藿羹

英葯蒻也

說文蒻蒲子可以為平席徐鍇繫傳蒻蒲下入泥白處即根上初生萌葉時殼也書顧命敷重底席

英蒻施也大昭案玉篇施乙卓切英蒻也廣韻施於角切英蒻似並本廣疋據此則此文疑當作英蒻施也舊本施譌葯且顛倒其文云英葯蒻也今訂正說文莧部莧下引周書布重莧席織蒻席也讀與

蔑同是頁即古文蔑也今顧命篇孔傳於敷重蔑席作別解而於敷重底席句釋云底蒻苹正義云禮注謂蒲席為蒻苹孔以底席為蒻苹當謂蒲蒻之席也

傳云底蒻苹急就篇蒲蒻藺席顔師古注蒻謂蒲之柔弱者也可以為薦此云莢蒻當謂蒻亦名莢蒻未詳所出

菡○舊本作萏誤藺芙蓉也

說文菡藺芙蓉華未發為菡藺已發為芙蓉爾雅荷芙蕖郭璞注別名芙蓉江東呼荷又云其華菡萏詩陳風澤陂有蒲菡萏傳云菡萏荷華也釋文菡本又作莟又作欿户感反萏本又作蓞大感反古今注芙蓉一名荷華生池澤中實曰蓮華之最秀異者一名水芝一作澤芝一名水花色有赤白紅紫

青黃紅白二色差多華大者至百葉

韭䪥胡戒蕎橋其華謂之菁

說文韭菜名一種而久者故謂之韭象形在一之上一地也䪥菜也葉似韭从韭㱿聲禮記曲禮下祭宗廟之禮韭曰豐本注豐茂也埤雅本豐則末殺瘦矣葢䪥之美在白韭之美在黃齊民要術韭性内生根喜上跳爾雅䪥鴻薈郭注即䪥菜也疏云本草謂之菜芝玉篇䪥葷菜也俗作薤蕎居妖切蕎邛鉅大戟也本爾雅又音喬蕎麥也案此當指蕎麥說文菁韭華也崔寔曰七月藏韭菁李善注

廣雅

室

南都賦秋韭冬菁引韭其華謂之菁周禮天官醢人朝事之豆其實韭菹菁菹廣雅則以⿰食逢與蕎之華俱謂之菁蕎亦作⿺麥喬溫庭筠詩日暮鳥飛散滿山⿺麥喬麥花又與莜音同借用蘇子瞻詩但見古河東莜麥如鋪雪蚍虾之莜花紫此蕎麥之花白也

蘬歸葵也

說文蘬薺實也葵菜也玉篇蘬大龍古也古文作⿱艹揆爾雅紅蘢古其大者蘬郭注俗呼紅草為龍鼓語轉耳疏引鄭風隰有游龍傳云龍紅草也陸璣

云一名馬蓼葉大而麤赤白色生水澤中高丈餘文昭案爾雅其大者蘬下郎次以差薺實豈說文因此致誤遂以蘬亦爲薺實耶齊民要術引此作蘬卬葵也案卬大也與蘬義合今本脫去耳

藋粱木稷也

粱舊本作梁御覽八百四十二引此在百穀部粱類中今據改正藋粱當即所謂穛粱乃粗粱也如根童粱之類木稷無攷禮記玉藻沐稷而靧粱又喪大記君沐粱大夫沐稷是則粱貴於稷也粱稷皆人之所食者而用以沐則不惟其精惟其粗此木稷

疑當作沐稷取翟梁以爲之用未知於張揖之意有當否

蒚（丈牛）藸（直魚）蒠也

廣韻作薵藸九魚十八尤下皆云葱名李善注文選枚叔七發引字書云薵藸草也丈九切藸音猪蕏乃藸之俗體而音義皆别說文蒠菜也案以薵豬名蒠文中未見有引用者

蓊薹（臺）也

韻會引爾雅草華之臺細葉叢出者爲蓊薹案今爾雅無文當即廣雅之誤

莞藺厹也

莞舊作莧唐人石刻莞每作完故易訛為皃也說文莞艸也可以作席藺莞屬詩小雅斯干下莞上簟箋云小蒲之席也釋文莞草叢生水中莖圓江南以為席形似小蒲而實非也爾雅莞苻蘺郭注今西方人呼蒲為莞蒲江東謂之苻蘺釋文莞本或作䓴漢書東方朔傳孝文皇帝莞蒲為席師古注莞夫離也今謂之蔥蒲以莞及蒲為席尚質也夫蘺苻蘺同玉篇藺似莞而細一名馬藺蔥蒲莞又見下

菰孤蔣𩚵也其米謂之彫胡。舊脫彫字據藝文類聚御覽九百九十九補

說文蔣苽蔣也彫苽一名蔣周禮天官冢宰三農生九穀鄭康成以苽在九穀之中疏云以下食醫云凡膳食之宜有魚宜苽故知有苽也苽亦作菰淮南原道訓浸潭菰蔣高誘注浸潭之潤以生菰蔣菰者蔣實其米曰彫胡菰讀觚哉之觚蔣讀水漿之漿李善注文選司馬相如上林賦蔣苧青薠即引張揖云蔣菰也宋玉諷賦主人女為臣炊彫胡之飯西京雜記顧翺母好食雕胡飯常帥子女躬自採擷太湖中後自生雕胡無復餘草

葒紅蘢蕷訏馬蓼也

本草葒草一名鴻鶴音鷊如馬蓼而大餘互見前

蹄字下

蕒麥蟹張揖云蕒䕻也案白䕻苦蕒大異恐非䕻巨也

苦蕒本亦作苦買即苦苣也䕻即䕻之或體與苣

藘皆通用說文藘菜也似蘇者廣韻苦藘江東呼

為苦蕒然則張揖竝不誤不知何以曹憲指為非

其所非者不著孫詒穀案袁文甕牖閒評六引博

雅云蕒䕻也非是所謂蕒者即今之苦馬殆語譌

耳䕻則別是一種菜世稱為銀條菜者與苦馬絕

不相類此可以證明曹憲之說然文弨又案杜子美園官送菜詩云苦苣刺如針王象晉云苦苣一名苦蕒一名褊苣一名天香菜葉狹而綠帶碧莖空斷之有白汁花黃如初綻野菊花春夏皆旋開一花結子一叢如茼蒿子花罷則萼斂子上有毛茸茸隨風飄揚落處即生處處有之但在北方者至冬而凋在南方者冬夏常青爲少異耳李時珍亦以蕒與苣是一物案今北方謂之藘蕒菜用醬生啖之南方少有食者以藘蕒合爲稱則廣雅之說定不誤

蘩母蒡葧步没也

夏小正云二月采蘩傳云蘩由胡由胡者蘩母也蘩蒡葧也爾雅云蘩皤蒿郭璞注白蒿又蘩由胡注未詳詩召南采蘩傳云皤蒿豳七月傳云白蒿陸璣草木疏云凡艾白者為皤蒿一名游胡北海人謂之蒡葧

菈力合遼皆蘆菔也蘴豐又嵩蕘女交世以此為蜀蕘之蕘未知孰是蕪精也

方言三云蘴郭注舊音蜂今江東音嵩字作菘也蕘注鈴鐃蕪菁也陳楚之郊謂之蘴魯齊之郊謂之蕘關之東西謂之

廣雅

卷六

蕪菁趙魏之郊謂之大芥其小者謂之辛芥或謂之幽芥其紫華者謂之蘆菔注今江東名為温菘實如小豆羅匐二音東魯謂之菈遝注洛荅徙合兩反豐亦作葑詩邶谷風云采葑采菲傳云葑須也爾雅釋草云須葑蓯正指此蓯與菘音亦相近乃郭璞注未詳而作爾雅疏者乃於須蕵蕪之下錄詩正義所引方言諸說殊誤郭注蕵蕪云似羊蹄葉細味酢可食此與蔓菁蘆菔迥不同鄭注坊記云葑蔓菁也陳宋之間謂之葑陸璣草本疏云幽州人或謂之芥爾雅又云葖蘆萉郭注云萉宜為菔蘆菔蕪菁屬紫花大根

俗呼為雹葖說文云蘆菔似蕪菁實如小尗（古菽字）故廣韻菈蘧秦人呼蘿蔔呂氏春秋本味篇云菜之美者具區之菁蕘當從方言音鐃與芻蕘音饒讀各異

匏瓠也

說文同又云从包取其可包藏物也詩邶風匏有苦葉傳云匏謂之瓠正義引陸璣云匏葉少時可為羹又可淹煑極美故詩曰幡幡匏葉（詩本作瓠葉）采之烹之今河南及揚州人恆食之八月中堅強不可食豳風八月斷壺傳云壺瓠也古今注壺瓠之

無柄者也瓠有柄者懸匏可以為笙曲沃者尤善秋乃可用之則漆其裏瓢亦瓠也瓠其總瓢其別也

冬瓜蓏及也水芝瓜也其子謂之㼖㓜龍蹏虎掌羊骹兔頭桂支蜜筩⿰瓜昷温蛌昆徒貍頭白⿰扁瓜⿰田步無餘縑瓜屬也

玉篇廣韻皆以蓏為冬瓜本此瓜經霜乃熟十月足收之故冬瓜為瓜之美者齊民要術引廣雅作土芝瓜也本草白瓜一名水芝御覽九百七十八作土芝唐本草引廣雅冬瓜一名地芝恐誤玉篇㼖力

玷切瓜子本此集韻又音廉廣韻引作龍蹄獸避唐諱掌羊骹兔頭桂髓蜜筩小青大班皆瓜名初學記所引是桂支又引白瓟無餘瓜屬張載瓜賦有虎掌羊骹桂枝蜜筩陸璣賦有虎蹯桂髓蜜筩狸首黃瓟瓟齊民要術引作龍肝虎掌羊骹兔頭𧿹𧊅狸頭白瓟無餘縑瓜瓜屬也是此本脫一瓜字龍肝瓜見洞冥記虎掌見本草縑瓜亦見廣志

狗蝨鉅勝〇舊脫此字依御覽九百八十九所引補嘉祐本草同藤弘胡麻也勝即勝字本草經胡麻一名巨勝葉名青蘘吳氏本草一名方金一名狗蝨名醫別錄一名方莖一

名鴻藏御覽引孝經援神契鉅勝延年宋均曰世以鉅勝為苟杞子案宋說蓋不然之辭也勝亦作藤滕亦作藤初學記二十七引此作苣藤弘胡麻也亦脫勝字

芥○舊作芬誤蒩○舊作䕸案廣韻菹下有蘁字云上同或亦與蒩通用但似亦當从置得聲不當从置今依本草及通志草木略定作蒩水蘇也本草經芥蒩一名水蘇名醫別錄一名雞蘇一名勞祖一名芥苴又有假蘇一名鼠蓂一名薑芥一名荆芥御覽九百七十七引吳氏說即載水蘇下然實非一物也

當道馬舄也

爾雅芣苢馬舄馬舄車前郭璞注今車前草大葉長穗好生道邊江東呼爲蝦蟆衣釋文苢字亦作苡馬舄本今作舄本草云車前一名當道一名芣苢一名蝦蟆衣一名牛遺一名勝舄久服令人身輕不老詩周南采采芣苢陸璣疏云芣苢一名馬舄一名車前一名當道喜在牛跡中生故曰車前當道也今藥中車前子是也幽州人謂之牛舌草可鬻與煑同作茹大滑其子治婦人產難圖經云春初生苗葉布地如匙面累年者長及尺餘如鼠尾

韓詩薛君章句茦苢澤瀉也文見花甚細青色微赤結實如葶藶赤黑色李善注文
選辨命論注。選劉孝標辨命論引韓詩薛君曰茦苢澤瀉也案
詩攷作澤瀉
攷莊子至樂篇云種有幾得水則澤瀉爾雅云蕍蕮者是也非茦苢又說文苢茦苢
為㡭得水土之際則為鼃蠙之衣
生於陵屯則為陵舄司馬彪注云
言物因水成而陸產生于陵屯化作
車前改名陵舄也一名澤舄隨燥
溼變也大昭案司馬之說當本韓詩一名馬舄其實如李令人宜子周書所說案此見
其言澤舄猶云馬舄勝舄陵舄也其
言鼃蠙之衣郭璞所謂蝦蟇衣也王會篇作稃苡王肅引以為說王基駁之云詩茦
陸德明於毛詩爾雅莊子並音今昔
之昔四夕翻不音傾瀉之瀉司夜翻後
人於文選注妄加水旁乃与入膀胱利苢為馬舄之草非西戎之木其說是矣
小便之澤瀉相混毛子晉陸疏
廣要以為韓詩之誤誣亦甚矣𦩎菌𦩎生也
𦩎即朝字莊子逍遙遊朝菌不知晦朔釋文司馬
云天芝也天陰生糞土上見日則死一名日及故
不知月之終始也崔云糞上芝朝生暮死晦若不

及朔朔者不及晦蕳文云欻生之芝也又支遁蕳文則以為木槿其說非是列子湯問篇朽壤之上有菌芝者生於朝死於晦爾雅中馗菌郭注地蕈也似蓋今江東名為土菌亦曰馗廚可啖之又小者菌注大小異名疏引說文云蕈桑萸人究反也謂菌生木上也今云地蕈即俗呼地菌者是也釋文菌作䔿字御覽九百九十八引博物志江南諸山郡中大木杌倒者經春夏生菌謂之椹葛洪字苑云蕈世作椹蕃二字非也食之有味而忽有毒殺人云此物往往自有毒者或云蛇所著之楓樹生者啖之令人笑不得止

廣雅 七十

治之飲土漿立愈

徐長灯卿鬼督郵也

御覽九百九十一引本草經云徐長卿一名鬼督郵生太山吳氏本草云一名石下長卿或生隴西本草又別出鬼督郵一名赤箭一名離母與此名同而實異者也

附支蓪草也

御覽九百九十二九本草經蓪草一名附支生山谷吳氏本草蓪草又一名丁翁生石城山谷葉青蔓延范子計然曰蓪草出三輔唐本草蓪草南人謂之燕

蘉芳服切 或名烏蘉今言蔔藤蔔蘉聲相近廣韻蓪草藥名中有小孔通氣中山經升山其草多寇脫郭注寇脫草生南方高丈許似荷葉而莖中有瓤正白零陵人植而日灌之以為樹也爾雅離南活莌郭注與山海經同又倚商活脫注即離南也案寇脫活莌活脫皆聲相近是一物其狀與通草同今人薄切之以為紙可用作書又染采為婦人華勝之用

鬼箭神箭也

本草木部衛矛一名鬼箭生山谷吳氏本草葉如

桃如羽或生野田陶宏景云其莖有三羽狀如箭羽

蔌。舊从竹譌盆陸英苺也

爾雅葐蔌葐郭注覆葐也實似莓而小亦可食疏云案本草蓬虆一名覆盆一名陵虆一名陰虆其實名覆盆子今注云蓬虆是覆盆之苗也陶隱居云即是人所食莓耳說文葐缺盆也缺字不从艸續博物志二覆盆子是苺子笮取汁合成膏塗髮不白本草陸英無別名唐本注云此物蒴藋是也後人不識浪出蒴藋條孫氏星衍云本草陸英味

苦寒無毒蒴藋味酸温有毒難謂一種文弨案爾雅藨麃郭注麃即莓也今江東呼為麃莓子似覆盆而大亦酢甜可啖又葥山莓注今之木莓也實似藨莓而大亦可食

海蘿海藻也

本草海藻一名海羅生東海中或生河澤莖似亂髮又昆布葉細者海藻也爾雅蕁海藻郭注藥草也一名海蘿如亂髮生海中本草云釋文蕁徒南及藻子老反本亦作藻本草一名落首一名蕁字書不載疏引本草一名藫藫與蕁音同釋文蕁字疑亦

蕁藹然爾雅别有薄石衣注云石髮也則二者亦無甚别鄭樵云海藻形如弊衣石髮形如亂髮海寧周氏春云薄今石花菜紫雲菜即紫菜麒麟菜即鹿角菜之類藻即今海苔紫菜之類綸組即藻之大者今名海帶其實一種不必强分為二

地葵地膚也

御覽九百九十二本草經地膚一名地華一名地脉大觀本作地麥一名地葵孫氏星衍云列仙傳文賓服地膚鄭樵云地膚曰落帚亦曰地掃爾雅葥馬帚即此也今人亦用為箒

續毒二字舊缺據本草補狼毒也○本草狼毒味辛平主欬逆上氣破積聚飲食寒熱水氣一名續毒生山谷中山經大騩之山有草焉其狀如著而毛青華而白實其名曰蒗服之不夭可以為腹病郭注蒗音狼戾為治也案此所治與本草同是一物也博物志引神農經云藥物有五毒一曰狼毒占斯解之

葱去用去拱莘平藺浪蕩宕也○玉篇廣韻蕩皆从艸史記从石本草莨蕩子一名橫唐名醫別錄一名行唐陶宏景云今方家多作狼蓎或作菪案說文無蓎菪字

史記淳于意傳云菑川王美人懷子而不乳飲以莨菪藥一撮本草圖經引浪蕩是

茛古恨鉤吻也

御覽九百九十本草經鉤吻一名野葛吳氏本草秦鉤吻一名毒根一名野葛葉如葛赤莖大如箭方根黄嶺表録異野葛毒草也俗呼胡蔓草誤食之則用羊血漿解之淮南說林訓蝮蛇螫人傅以和堇則愈高誘注和堇野葛毒藥博物志鉤吻草與荇華御覽作堇菜相似神農經曰藥物有大毒殺人一曰鉤吻盧氏云陰地黄精不相連根獨生者是也陶

宏景云鉤吻是毛茛

昔邪烏韭也在屋曰昔邪在牆曰垣衣

本草烏韭云生山谷石上唐本注云即石衣也亦名石苔又名石髮案廣雅石髮石衣也已見前此則人家雨後多見之御覽九百九十四引廣雅有生又屋之瓦五字當是後人增入也陶宏景云垣衣又名天韭鼠韭昔邪即古牆背陰青苔衣也郭璞注西山經烏韭與廣雅同

馬䪥荔也

禮記月令仲冬荔挺出鄭注荔挺馬䪥也高誘注

呂氏春秋淮南時則訓皆以茘為馬茘草挺生出也顏氏家訓書證篇引廣雅并引說文云茘似蒲而小根可為刷通俗文亦云馬藺通卦驗云茘挺不出則國多火災月令章句云茘以挺出舊誤作茘似挺今據本草圖經改正然則鄭注茘挺為草名誤矣河北平澤率生之江東頗有此物人或種於階庭但呼為旱蒲故不識馬薤講禮者乃誤以為馬莧堪食已上皆顏氏語案月令釋文亦以茘與挺出分讀余在江寧偶得一草種之階下叢生葉高尺許與說文所云似蒲而小合秋冬閒每一幹纍纍十數子始

青而後藍如貫珠狀豈即所謂荔與程氏瑤田謂今北方東其根以刷鍋余未之試也

水衣落也

此名水衣與前石衣別落即苔也說文落水衣从艸治聲周禮醢人加豆之實有箈菹鄭司農云水中魚衣是與此同其字亦當从艸釋文以司農所釋當音徒來反康成則以箈作箭萌解其字从竹與此別爾雅藫石衣疏引陳藏器本草云大葉藻也生深海中及新羅葉如水藻而大海人取之正在深海底以繩繫腰因没水下刈得旋繫繩上五

月已後當有大魚傷人不可取也案此乃海苔也可食生石上者不可食自是兩種陳說當繫之此條下得之

夌菜藻也

說文夌越也从夊从兂力竹切兂高也一曰夌徲也即陵遲玉篇即以為古文陵字今案藻不生於陵此夌字當即蔆之省也蔆生於水藻亦生於水故謂藻為蔆菜以其可食故也詩召南采蘋于以采藻于彼行潦傳云藻聚藻也陸璣疏云藻水草也生水底有二種其一種葉如雞蘇莖大如箸長四五

尺其一種莖大如釵股葉如蓬蒿謂之聚藻扶風人謂之藻聚爲發聲也此二藻皆可煑食挼去腥氣米麪糝蒸爲茹嘉美揚州饑荒可以當穀食飢時蒸而食之埤雅云韓詩沈者曰蘋浮者曰藻藻似槐葉而連生生道旁淺水中與萍雜至秋則紫今俗謂之馬藻亦呼紫藻陸氏以爲葉似蓬蒿者乃是爾雅所云莙牛藻非聚藻也

蘘人羊切荷薄普各苴子魚也

說文蘘蘘荷一名蒚葙古今注蘘荷似䕭苴而白䕭苴色紫花生根中花未散御覽作敗時可食久置則

銷爛不爲實一作食矣葉似薑宜陰翳地種之常依陰而生急就篇苍菁蘘荷冬日藏顏師古注蘘荷一名蓴苴子閭反莖葉似薑其根香而脆可以爲菹又辟蠱毒御覽九百八十葛洪方曰人得蠱取蘘荷著臥席下不使知立呼蠱姓名案葍蒩蕌苴與蓴苴一也崔豹分蘘荷與蕌苴為二物據其所言與蘘荷無異司馬相如上林賦茈薑蘘荷以類舉也潘岳閑居賦蘘荷依陰與崔豹所說合

藨鹿藿也

說文藨平表切鹿藿也莥鹿藿之實也爾雅蔨巨阮反

鹿藿（同藿）其實莥（音狃）郭注今鹿豆也葉似大豆根黄而香蔓延生本草經鹿藿味苦平無毒唐本注云此草所在有之苗似豌豆有蔓而長大人取以為菜亦微有豆氣名為鹿豆也

鳶（悦專）尾烏萐（所交。舊作烏連，誤）射干也

荀子勸學篇西方有木焉名曰射干莖長四寸生於高山之上而臨百仞之淵木莖非能長也所立者然也楊倞注本草藥名有射干一名烏扇陶宏景云花白莖長如射人之執竿又引阮公詩云射干臨層城是生於高處也據本草在草部中又生

南陽川谷此云西方有木未詳或曰長四寸即是草云木誤也射音夜今案草木亦有通稱者如獸亦名禽也元時荀子本烏扇作烏翣翣與箑同說文箑扇也故今定爲烏箑史記司馬相如傳索隱引烏蓬亦謂集解射干十月生文選上林賦注司馬彪曰射干香草也後漢書馮衍傳顯志賦攢射干章懷注烏翼也翼疑翣字誤本草以射干鳶尾爲二物陶隱居云射干即是烏翣根方多作夜干字今射亦作夜音人言其葉是鳶尾玉篇作鳶尾

木實酸木狐桃也

未詳

烏蘞可與葍腹也

舊本誤作烏蘞御覽九百九十八引作烏蘞愆切許葍也今據改正爾雅葍蕌郭注大葉白華根如指正白可啗又葍藑茅注葍華有赤者為藑藑葍一種耳亦猶蔆苕華黄白異名說文藑藑茅也一名舜葍當也詩小雅我行其野言采其葍陸璣疏云河内關中謂當為葍宂幽州謂之燕當一名雀弁一名蔓根正白可著熱灰中温噉之飢荒之歲可蒸以禦飢漢祭甘泉或用之其華有兩種葉細而行赤

廣雅 七十八

者有臭氣也風土記曰藟蔓生被樹而升紫黄色大如牛角二三同蔕長七八尺甜味如蜜

白苙莍薋也

玉篇苙與莍皆白芷白芷已見前

馬帚屈馬第也

爾雅荓音瓶馬帚郭注似著可以為埽彗御覽九百九十一本草經有屈草實根味苦微寒生川澤治胸脇下痛腹間寒陰痹久服輕身補益能老陶隱居云方藥不復用俗無識者案不知即馬帚否

葸蒲莞也

御覽千一引此云何承天纂文同餘見前莞藺條下

矜禽也

未詳

釋木

楚荆也牡〇舊作壯譌荆曼荆也

說文楚叢木一名荆也荆楚木也古文作𦯬禮記學記夏楚二物收其威也鄭注楚荆也蓋荆木輕古用以刑人故字從刑史記廉頗傳索隱荆可以為鞭楚亦楚痛之意荆楚地本多此木故春秋名荆亦名楚焉詩周南漢廣箋楚雜薪之中尤翹翹者

爾雅翼凡木心圓荆心方灼龜用荆焞漢書郊社志注如淳曰牡荆荆之無子者晋灼曰牡節間不相當也月暈刻之為劵以畏病者師古取晋說廣志赤荆大實者名曰牡荆牡荆蔓荆也孫氏星衍云牡曼聲相近本草蔓荆實久服輕身耐老

穀楮也

詩鶴鳴樂彼之園爰彼樹檀其下維穀傳穀惡木也陸璣疏云幽州人謂之穀桑或曰楮桑荆揚交廣謂之穀中州人謂之楮殷中宗時桑穀共生是也今江南人績其皮以為布又擣以為紙長數丈

潔白光澤其裏甚好其葉初生可以爲茹御覽九百六十吴氏本草榖樹皮治喉閉痹一名楮南方記楮子如梅實玉篇柠同楮

栝古末柏也

尚書禹貢傳柏葉松身曰栝爾雅檜柏葉松身詩衛風竹竿檜楫松舟正義云書作栝字與此一也說文柏鞠也爾雅柏椈郭注引禮記曰鬯臼以椈雜記上文

遺梓松也

未詳

廣雅 八十

榑榑○舊作榑譌棗檡宅也○舊脫也字今補

說文榑棗也似柿而小今說文無而小二字從齊民要術補玉篇檡舒亦徒革二切榑棗也西京雜記初修上林苑棗七有榑棗

栟櫚椶也

說文椶栟櫚也可作萆玉篇椶櫚一名蒲葵亦名栟櫚史記司馬相如上林賦仁頻并閭索隱引孟康曰頻椶也張揖云并閭皮可為索姚氏云檳一名椶即仁頻也文選張平子南都賦楈枒栟櫚李善引郭璞注上林賦云楈椰似栟櫚皮可作索西

山經石脆之山其木多椶柟郭注椶樹高三丈許無枝條葉大而員歧生梢頭實皮相裹上行一皮為一節可以為繩一名栟櫚

楉榴柰也

初學記二十八引埤蒼云石榴柰屬也玉篇同文選張平子南都賦樗棗若留李善注引廣雅若留石榴也（本多誤作石留若榴也）御覽九百七十所引亦與李善同案石榴與柰實非一種且㮈又見下文似亦不應重出今因柰亦有據姑仍之御覽載陸機與弟雲書云張騫為漢使外國十八年得塗林安石榴潘岳安

石榴賦序云石榴者天下之奇樹九州之名果也

枺格也

集韻類篇枺竝音末云格也本此說文格木也从木咎聲讀若皓玉篇公道切木名

含桃櫻桃也

禮記月令仲夏羞以含桃先薦寢廟鄭注含桃櫻桃也釋文含本又作函高誘注淮南時則訓云含桃鶯所含食故言含桃又注呂氏春秋仲夏紀云含桃鸎桃餘同說文無櫻字新附有之作鸎為正玉篇有櫻字云含桃上林賦云櫻桃也爾雅楔荆

桃郭注今櫻桃也埤雅引王荆公字說云櫻主實幺𢪓柔澤如嬰者吴氏本草一名牛桃一名英桃廿甜主調中益脾氣令人好顔色美志氣齊民要術引廣志云櫻桃大者如彈丸子有長八九分者有白色者凡三種

山李雀○雀舊作崔誤　其䖈○此說文爵字雀本字也然此當作鬱也

詩豳風六月食鬱及薁傳云鬱棣屬薁蘡薁也正義是唐棣之屬也劉楨即公幹也舊誤作稹毛詩義問云其樹高五六尺其實大如李正赤食之甜本草云鬱一名雀李一名車下李一名棣生高山川谷或平

田中五月時實言一名棣則與棣相類故云棣屬薁薁亦是鬱類而小別耳陸璣疏鬱其樹高五六尺其實大如李色赤食之甘又唐棣之華云唐棣薁李也一名雀李作梅者譌亦曰車下李所在山中皆有其華或白或赤六月中成實大如李子可食

杌

考檓櫰越椒茱萸也

說文杌山樗也樗木也玉篇栲杌同詩唐風山有栲傳云栲山樗正義云此爾雅釋木文郭璞曰栲似樗色小而白生山中因名云亦類漆樹俗語曰櫄樗栲桼相似如一陸璣疏云山樗與下田樗略無

異葉似差狹耳吴人以其葉為茗方俗無名此為栲者似誤也今所云為栲者葉如櫟木皮厚數寸可為車輻或謂之栲櫟許慎正以栲讀為㮕今人言栲失其聲耳今案說文椁字今人作樗說文樗字下云木也以其皮裹松脂讀若華或作檴是今所謂樺燭及以其皮為弓緣者說文正作樗字陸璣以栲為栲櫟者案爾雅櫟其實梂郭注有梂彙自裹疏引孫炎曰櫟實橡也陸璣疏云秦人謂柞為櫟河内人謂木蓼為櫟椒椴之屬也其子房生為梂璣以為此秦詩也宜從其方土之言柞櫟是

也又案說文梂櫟實一曰鑿首又莍茱檓實裹如裹者茱茱莍莍與梂同栲櫟柞櫟亦一物也皆有梂彙自裹故與椒檓茱萸為一類茱椒亦一字說文檓似茱萸出淮南茱萸茱屬爾雅椒檓醜莍郭注莍萸釋文所留反又所于反子聚生成房貌今江東亦呼莍檓似茱萸而小赤色疏云莍者實之房也椒檓之類實皆有莍彙自裹楚辭離騷檓又欲充夫佩幃王逸注檓茱萸也似椒而非玉篇欓茱萸類集韻越茱也皆本此韻會引吳越春秋越以甘蜜丸欓報吳增封之禮謂欓為越椒今案句踐歸國外

傳乃是甘蜜九黨黃公紹係誤引御覽九百五十八風土記三香椒欓薑又九百六十茱萸椒也九月九日成熟亦色可採世俗亦以此日折茱萸費長房云以插頭髻云辟惡案蜀椒出武都秦椒出隴西天水今此越椒亦必出越中

椺弋丁株也梡綏支也枚櫱條也

椺說文作朵樹木垂朵朵也朵朵同从木象形此與采同意玉篇椺都和切木株也本此說文株木根也梡舊本作梚乃梡字之誤錢氏塘云唐人石刻完多作完易譌作皃說文梡棞木未析也玉篇梡

廣雅

口管胡管二切木名又東薪集韻梡胡昆切音魂引此作梡枝也支與枝古通用詩大雅文王本支百世左傳莊六年引作本枝本書下文亦作枝說文枝榦也可爲杖引詩施于條枚見大雅旱麓篇棨字書無攷疑本注莫杯二字爲枚字之音而傳寫致誤并失其形似目說文條小枝也詩周南汝墳伐其條枚傳云枝曰條幹曰枚

梢梢交。當作所交校棷敬柴也蘗薪也

說文梢木也爾雅梢梢擢郭注謂木無枝柯梢擢長而殺者釋文梢郭音朔淮南兵畧訓曳梢肆柴

高注梢小柴也說文校木囚也棷木薪也漢書成帝紀元延二年大校獵顏師古注校謂以木自相相貫穿爲闌校耳校人職云六廄成校是則以遮闌爲義也說文柴小木散材徐鍇云師行野次豎散木爲區落名曰柴籬後人語譌轉入去聲又别作寨字非是士佳切藮蕉即樵也南史隱逸傳朱百年以伐藮採若（當是箬）爲業說文樵散木也薪蕘也又柴也詩小雅白華樵彼桑薪正義引少儀抱樵注未然曰樵案禮記之文本作抱燋釋文側角反又子約反或音在遙反是容有作樵者左氏桓十

二年傳請無扞采樵者杜預注樵薪也周禮天官甸師以薪蒸役外内饔之事注云木大曰薪小曰蒸禮記曲禮下正義大樵曰薪詩云析薪如之何匪斧不克是大故用斧也

笳

枳叉枝股也柯埜也本。舊作夲疑譌榦也肄枿。五葛反也

此釋枝股當謂樹枝之旁出者笳字之義未經見段氏玉裁云當即架字如詩召南鵲巢箋加巢即架巢凡作架者必有三股故云股也說文枳似橘非廣雅義錢氏塘云枳只聲只从八有分出意故訓為枝股猶肢之作胑也釋名胑枝也似木之枝

格也文弨又案爾雅釋地中有軹首蛇焉注岐頭蛇也釋文軹本或作𣓨頎音居是諸是二反郭巨宜反孫音支說文𥝌多小意而止也从禾切古兮支只聲一曰𥝌𥠻木名徐鍇曰𥝌𥠻不伸之意𥝌職𨾴切𥠻俱羽切是此枳當作𥝌集韻音枳曲枝果也疑枳乃曹憲音耳又說文𥝌𥠻未詳何木案宋玉風賦有枳句來巢疑𥝌𥠻即枳句也段氏云古枳與岐音同枳句樹杈處故來巢也說文杈枝也叉手指相錯此即以叉為杈葢樹枝丫叉交錯亦如人之手指然玉篇柯枝也禮記禮器禮其在人

也如竹箭之有筠也如松柏之有心也貫四時而不改何易葉說文但訓柯為斧柄實則柯本樹莖取以為斧之柄因名斧柄為柯如射之矢取竹箭為之因即名矢為箭也說文莖草木榦也又木下曰本从一在其下古文作𣎵 又榦築牆耑木也徐鉉云今別作幹非是淮南主術訓枝不得大於榦末不得强於本詩周汝南汝墳伐其條肄傳云肄餘也斬而復生曰肄爾雅釋詁烈枿餘也方言同又云陳鄭之間曰枿晉衛之間曰烈秦晉之間曰肄音謚或曰烈郭注引傳曰夏肄是屏見左氏襄廿

九年傳作肆肄與肄同　郭注爾雅云晉衛之間曰蘖陳鄭之間曰烈與方言互異書盤庚上若顛木之有由蘖釋文蘖五達反本又作枿馬云顛木而肄生曰枿詩商頌長發苞有三蘖傳云蘖餘也漢書敘傳作苞有三枿玉篇蘖巘不㭬枿竝同

⿰木善善之⿰木奄⿰木蓋⿰木柰也

⿰木柰說文作柰果也西京雜記上林苑柰三有白柰紫柰花紫綠柰花綠御覽九百七十引廣志柰有白赤青三種西方例多柰家以為脯集韻⿰木善九件切音蹇⿰木奄衣檢切⿰木蓋烏侯切竝引廣雅此文玉篇⿰木善木瘤也

廣雅

八七

棯猗儉切柰也

䕯蒲莫蘀落也

廣韻䕯匹各切蘀䕯也籜他各切葉落詩鄭風蘀兮傳蘀槁也箋云槁謂木葉也木葉槁待風乃落豳風七月十月隕蘀小雅鶴鳴其下維蘀傳皆云落也若爾雅檴落乃木名郭注可以為杯器素則非此落之義也詩小雅大東無浸穫薪箋亦依爾雅訓穫為落則當从木不从禾也

木藂生曰榛

藂俗叢字說文叢聚也爾雅釋魚釋文引作草聚

生也字林榛木叢也高誘注淮南主術訓云菆（此據道藏本）木為榛深草為薄又原道訓木處榛巢水居窟穴高注聚木曰榛說文榛木也一曰菆也

樝梬梨也

說文樝果似梨而酢玉篇柤同文選司馬相如上林賦亭柰厚朴左太沖蜀都賦橙柹梬楟注皆引張揖曰楟山梨說文梨果名玉篇梨同鄭康成注內則云柤梨之不臧者爾雅梨山樆郭注即今梨樹莊子天運篇柤梨橘柚其味相反而皆可於口宋書張敷傳小名樝父邵小名梨文帝嘗戲謂之

曰榿何如梨荅曰梨百果之宗榿何敢比

亲㮚也

說文亲果實如小栗春秋傳曰女贄不過亲栗左氏莊廿四年傳文玉篇亲榛同案今經書亲俱作榛㮚亦作栗禮記曲禮下婦人之摯贄同椇榛棗栗鄭注榛實似栗而小正義榛訓至也栗肅也左傳云以告虔也見榛是虔義之名明諸物皆取名為義陸璣草木疏榛枝葉似栗樹其子小形似杼子表皮黑味亦如栗枝莖可以為燭五方皆有栗周秦吴揚特饒吴越被城表裏皆栗唯漁陽范陽栗甜美長味

他方悉不及也

⿰木爲象柔常與也

⿰木爲即橡柔即杼玉篇樣辭兩切栩實也橡同柔栩也今為杼詩唐風鴇羽集于苞栩傳云栩杼也栩杼見爾雅陸璣疏云栩今柞櫟也徐州人謂櫟為杼或謂之為栩其子為皁或言皁斗其殼為汁可以染皁今京洛及河内多言杼斗或云橡斗謂櫟為杼五方通語也周禮地官序官掌染草鄭注染草藍蒨象斗之屬象亦橡字也杼亦作芧莊子齊物論狙公賦芧釋文司馬云橡子也列子說符篇

柱厲叔夏日則食菱芡，冬日則食橡栗。

柚、棒（七候。舊作桻，譌，改從說文，今作楱）也。

爾雅：柚，條。郭注：似橙，實酢，生江南。釋文：柚，羊又反，或作櫾；條又作樤。上林賦云：黃甘橙楱。是也。疏云：禹貢揚州云：厥包橘柚。孔安國云：小曰橘，大曰柚。呂氏春秋云：果之美者，有雲夢之柚（見本味篇）。本草唐本注云：柚，厚皮，味甘，不如橘皮味辛而苦，其肉亦如橘，有甘有酸，酸者名胡甘。今俗人或謂橙為柚，非也。

而檉（恥京）樍（子狄）也。

而字上下必有脫文爾雅栵栭詩大雅皇矣正義作栵而郭注樹似槲樕而庳小子如細栗可食今江東亦呼為栭栗此當云栵而也或本作栵栭也而字旁注於栭字之下亦未可定或又疑而是亦字之誤形頗相近皇矣其檉其椐傳云檉河柳本爾雅郭注今河旁赤莖小楊陸璣草木疏河柳生水旁皮正赤如絳一名雨師枝葉似松爾雅翼檉葉細如絲婀娜可愛天之將雨檉先起氣以應之故一名雨師而字從聖樍今作樍廣韻樍則歷切檉木別名本此

杆⿰旦吉柘也

玉篇杆公旦切橿譌作檀木也爾雅棧木干木郭注云殭木也江東呼木觡釋文引樊光本作杆木字書云殭死而不朽本或作僵說文云僵偃也或人作橿案與此言柘似無涉唯類篇云柘也本此說文柘桑也玉篇亦作樜案柘可以飼蠶與桑同用禮記月令季春命野虞毋伐桑柘周禮考工記弓人為弓凡取幹之道七柘為上杆與幹音正同於義為允

杜仲曼榆也

本草經杜仲一名思仙御覽九百九十一　吳氏本草杜仲一名木緜一名思仲博物志杜仲皮中有絲折之則見

重皮厚朴也

說文朴木皮也御覽九百八十九　吳氏本草一名厚皮生交阯名醫別錄又一名赤朴其樹名榛其子名逐顏師古注漢書司馬相如傳云此藥以皮為用而皮厚故呼原朴云

木欄桂欄也

木欄即木蘭楚辭朝搴阰頻脂切之木蘭王逸注木

蘭去皮不死文選劉淵林注左太沖蜀都賦云木蘭大樹也葉如長生冬夏榮常以冬華其實如小柹甘美南人以為梅其皮可食楊雄蜀都賦曰樹以木蘭本草經一名林蘭名醫別錄一名杜蘭皮似桂而香狀如楠樹高數仞述異記木蘭川在尋陽江中多木蘭樹昔吳王闔閭植木蘭於此用構宮殿

益智龍眼也

本草經龍眼一名益智吳氏本草一名比目劉淵林注左太沖吳都賦云龍眼如荔枝而小圓如彈

丸味甘勝荔枝蒼梧交阯南海合浦皆獻之山中
人家亦種之又蜀都賦旁挺龍目即龍眼也御覽
九百七十三 嶺表錄異龍眼之樹如荔枝葉小殼青黃
色形圓如彈丸大核如木槵子而不堅肉白帶漿
其甘如蜜一朶恆三二十顆荔枝方過龍眼即熟
南人謂之荔枝奴以其常隨後也又九百七十二 別載
益智似非一種頎微廣州記益智葉如蘘荷莖如
竹箭子從心出一枚有十子子肉白滑四破去之
取外皮蜜煑如柰子味甘又南方草木狀益智如
筆毫長七八分二月花色若蓮著實五六月熟味

廣雅 九十二

辛雜五味中芬芳亦可鹽曝出交趾合浦建安八年交州刺史張津嘗以益智糉子餉魏武帝案盧循亦以之遺劉裕又異物志益智類薏苡長寸許如枳椇子味辛然則非龍眼也

山榆母估也柘榆梗榆也

母估當作母姑爾雅作無姑其實夷郭注無姑姑榆也生山中葉圓而厚剝取皮合漬之其味辛香所謂蕪荑易頤九二枯楊生荑釋文引鄭注云枯音姑謂无姑山榆荑音夷木更生謂山榆之實周禮秋官壺涿氏謂之牡橭杜子春云橭讀為枯枯榆木

名春秋繁露郊語篇蕪荑生於燕橘柚死於荆此言物性之相感也御覽九百九十二本草經蕪荑味辛一名無姑一名蕨音殿蘠音唐去三蟲化食逐寸白散腹中溫溫喘息案爾雅釋草有莁荑蔱蘠郭注一名白蕢唐本注疑蔱蘠字之誤而在木部疑非是說文梗根杏切山枌榆有朿音刺莢可為蕪荑者爾雅藴莖郭注今之刺榆王應麟補注急就篇引本草榆類而差小其實亦早成今人多取作胥以芼五味崔寔四月月令曰榆莢成者收乾以爲旨蓄詩唐風山有樞傳云樞莖也蘊樞同釋文本或作蓲方

言三凡草木刺人自關而東或謂之梗郭注今之梗榆張平子西京賦梗林謂之靡拉李善即引方言為注

梔支子棛支桃也

梔子亦作支子本草支子一名木丹一名越桃葉兩頭尖如樗蒲又曰如蒚而黄赤玉篇棛桃梔子也本此史記貨殖傳千畝卮茜索隱卮鮮支也文選司馬相如上林賦鮮皮黄礫注引張揖云皆香草也説文新附梔字云木實可染則與卮茜之卮同圖經云生南陽川谷今南方及西蜀州郡皆有

之木高七八尺葉似李而堅硬二三月生白花夏秋結實如訶子狀生青熟黃中仁深紅宋書謝靈運山居賦林蘭近雪而揚猗自注林蘭支子

宛童寄生樢鳥也

爾雅寓木宛童郭注寄生樹一名蔦說文蔦寄生也或从木作樢詩小雅頍弁蔦與女蘿施于松柏陸璣疏蔦一名寄生葉似當盧子如覆盆子赤黑恬美

秀龍巢

說文鳥在木上為巢秀龍未詳

木○舊本脫下支謂之槕支扶斷西

玉篇槕斷木下枝也本此集韻引此作木下枝今據補廣韻槕木枝下也似誤說文櫪斷槕指也段氏謂是柙指之誤柙指即今拶指則非此處義

廣雅卷第十

廣雅卷第十中

釋蟲

䗁技蛣結去蟬也闇蜩⿰虫應應也蟧遼蝒緜馬蜩也蛥折蚗穴蚻也蟪蛄蛉蛄䗖帝蟧蛁彫蟟也

方言十一蟬楚謂之蜩宋衛之間謂之螗蜩陳鄭之間謂之蜋蜩秦晉之間謂之蟬海岱之間謂之䗁其大者謂之蟧或謂之蝒馬其小者謂之麥蚻有文者謂之蜻蜻其雌蜼蜻謂之𨑨祖一切大而黑者謂之⿰虫戔音棧黑而赤者謂之蜺郭注螗蜩今胡蟬也似蟬而小鳴聲清亮江南呼螗蛦䗁齊人呼為巨䗁

爾雅蝒者馬蜩非別名蝒馬也方言誤耳麥蚻如蟬而小青色今關西呼麥蠽音廱瀸蜻蜻即蚻也爾雅云耳又蛥蚗齊謂之蟿螰奚鹿二音楚謂之蟪蛄或謂之蛉蛄音零秦謂之蛥蚗自關而東謂之虭蟧貂遼二音或謂之蝭音啼蟧或謂之蜓蚞廷木二音西楚與秦通名也郭注江東人呼蟂蟧又蜩蟧謂之蠚蜩郭注江東呼為蠚蠽也又蟪謂之寒蜩寒蜩瘖蜩也郭注案爾雅以蜺為寒蜩月令亦曰寒蜩鳴知寒蜩非瘖者也此諸蜩名通出爾雅而多駮雜未可詳據也寒蜩螿也似小蟬而色青爾雅蜩蜋蜩螗蜩

蛰蜻蜻蠽茅蜩蝒馬蜩蜺寒蜩蜓蛈螇螰郭注夏小正傳曰蜋蜩者五彩具螗蜩者蝘俗呼為胡蟬江南謂之螗蛦音荑蜻蜻如蟬而小方言云有文者謂之蠽夏小正曰鳴蛰虎懸小正作寧縣為茅蠽似蟬而小青色馬蜩蜩中最大者寒蜩寒螿也似蜩而小青色月令曰寒蟬鳴在孟秋螇螰即蝭蟧也一名蟪蛄齊人呼螇螰案小正良唐札匽皆不從虫蛄當即爾雅之蛣蜣蜣蜋也蟬之所從出者於下文詳之或蛣蛣連文方言脫脫蛣字耳禮記檀弓下范則冠而蟬有緌鄭注蜩蟬也緌謂

蜩喙長在腹下說文蟬以旁鳴者本考工記梓人文鄭注旁鳴蜩蜺屬月令孟夏之月蟬始鳴大戴禮易本命篇蟬飲而不食闇與瘖同玉篇蟧蟟同說文蛉蛈蛁蟟也玉篇亦蟪蛄也蛪蜻蜻也莊子逍遙遊蟪蛄不知春秋釋文作惠蛄司馬云惠蛄寒蟬也一名蝭蟧春生夏死夏生秋死崔云蛁蟧也或曰山蟬秋鳴者不及春春鳴者不及秋引廣雅蛁蟟作蛁蟧楚辭招隱士蟪蛄鳴兮啾啾王逸注秋節將至悲嘹噍也

蛾五何蛘羊掌乡駒蚼。舊脫蚼字蟡蟞匹結蜉浮螘五綺也

廣雅

方言十一蚍蜉齊魯之間謂之蚼蟓西南梁益之間謂之玄蚼燕謂之蛾蛘郭注蚍蜉毗浮二音亦呼蟞蜉蚼蟓駒養二音玄蚼法言云玄駒之步是蛾蛘蟻養二音建平人呼蚳音侈案禮記學記蛾子時術之鄭注蛾蚍蜉也釋文蛾魚起反本或作蟻爾雅蚍蜉大螘小者螘郭注大者俗呼為馬蚍蜉齊人呼螘為蛘以丈反釋文引字林云北燕人謂蚍蜉曰蟻蛘郭注所引法言見先知篇海内北經朱蛾其狀如蛾楚辭補注引作如蟻郭注蛾蚍蜉也引楚辭赤蛾如象今本作赤螘若象王逸注小者為螘大者

三

謂之蚍蜉夏小正十有二月玄駒賁傳云玄駒也者螘也賁者何也走於地中也古今注牛亨問曰蟻名玄駒何也荅曰河内人竝河而見有人馬數千萬皆大如黍米遊動往來從旦至暮家人以火燒殺之人皆是蚊蚋馬皆是大蟻故今人呼蚊蚋曰黍民蟻曰玄駒案此不足信聊廣異聞耳螘即蛾也俗作蟻

蛢 雞 蛾也

玉篇蛢古奚切又甘田切馬蛢螢火也蛾也案玉篇謂螢火者以蛢即蚈也此但云蛾不知何者為

所指爾雅蛓羅郭注蠶蛾說文蛓蠶化飛蟲或从虫又有飛蛾古今注飛蛾善拂燈一名火花本亦作化一名慕光又有白蛾赤蛾五色蛾各種

地膽蚍蛇要青蠚茅青蠵擕也

舊本地音蚍誤今刪去御覽九百五十一本草經元青春食芫葉故名元青秋為地膽地膽黑頭赤尾味辛有毒秋食葛華故名之葛上亭長吳氏本草地膽又一名杜龍一名青虹陶隱居云又一名青蛙真者出梁州狀如大馬蟻有小翼子僞者即是班猫所化狀如大豆大都治體略同案蚍要諸名不

見於他書

杜伯蠚七漬蠆丑介蠍歇也

詩小雅都人士卷髮如蠆箋云蠆螫蟲也尾末揵其言反舉也然陸璣疏蠆一名杜伯河内謂之蚑幽州謂之蠍案蚑字譌此書之蠚字或亦可以作蝀爾雅蟔蛅蟴郭注云蛓屬也今青州人呼蛓為蛅蟴孫叔然云八角螫蟲失之案如孫說蝀亦可通蛓亦蠍類也與蚑形近而致誤也說文蠆毒蟲也或从蚰作蠚玉篇蠆螫蟲也或作蠆蠍螫人蟲左氏僖廿二年傳蠭蠆有毒正義引通俗文蠆長尾謂之

蠍蠍毒傷人曰蛆張列反　莊子天運篇蠇蠆之尾釋文蠇郭音賴或云依字上當作蠆下當作蠍通俗文云長尾為蠆短尾為蠍詩釋文所引亦同然則左傳正義誤也葛洪曰蠍中國屋中多江東即無也酉陽雜俎江南舊無蠍開元初有主簿以竹筒盛蠍過江至今往往有之故俗稱為主簿蟲案一切經音義七引作蠆他達蛪勒達蚳巨支蠆蠍也卷十五又十五又二十所引多同今本不同或出後人所改易與蠆又作蠤音他達疑他邁之譌說文蚳蠆也蠆蠆也玉篇蚳土蠭也字與蚳別

景天螢火燐劜也

爾雅熒火即炤郭注夜飛腹下有火詩豳風東山熠燿宵行傳云熠燿燐也燐螢火也正義引舍人云螢火即炤夜飛有火蟲也本草螢火一名夜光一名熠燿諸文皆不言螢火為燐淮南子云久血為燐（見氾論訓）許慎云謂兵死之血為鬼火然則毛以螢火為燐非也今案張揖亦以為即燐取其有光相等耳燐亦作蟒大戴禮夏小正八月丹鳥羞白鳥傳云丹鳥也者謂丹良也白鳥也者謂閩（蚊同）蚋也其謂之鳥何也重其養也有翼者為鳥羞也者

進也不盡食也古今注螢火一名耀夜一名景天一名熠燿一名丹良一名燐一名丹鳥一名夜光一名宵燭腐草爲之（月令季夏之月腐草化爲螢）食蚊蚋

蛭至　至蛒（胡格）蚕（春）蠾地蠶（雜含反世人作蠶字如蠶或蚕如此竝失之矣）蠹（姤）

蟦（浮沸又肥）蠀（疾資）螬（曹）也（○舊脫也字連下爲一條失之）

方言蠀螬謂之蟦（音翡翠）自關而東謂之蝤蠀（酉資兩音）或謂之蛬蠾或謂之蝖螜（喧斛兩音）梁益之間謂之蛒（音格）或謂之蝎或謂之蛭（音質）蛒秦晉之間謂之蠹或謂之天螻郭注亦呼當齊或呼地蠶或呼蟦蝖爾雅云螜天螻謂螻蛄耳而方言以爲蝎未詳其義

也說文蠹木中蟲从䖵橐聲或从木作螙象蟲在木中形譚長說說文無蟦字或借蜰字為之蠀螬作齏蠤玉篇蛒蠀螬也蟦齏螬也齏亦作蠐詩蠐風東山蜎蜎者蠋烝在桑野傳云蜎蜎蠋貌桑蟲也正義云爾雅蚅烏蠋樊光引此詩郭璞注大蟲如指似蠶見韓子案韓非內儲說上云蟺似蛇蠶似蠋說文蠋作蜀云葵中蠶也从虫上目象蜀頭形中象其身蜎蜎亦引東山詩爾雅蟦蠐螬郭注在糞土中又蝤蠐蝎注在木中今雖通名為蝎所在異又蝎桑蠹注即蛣蝠說文作蚰詩衛風碩人領如

蝤蠐傳云蝎蟲也正義蟦蠐也蠐螬也蝤蠐也蛣蝠也桑蠹也蝎也一蟲而六名也博物志蠐螬以背行快於用足

蛝腸蠬力支蚰丑女六蚭尼蚨鳧虷于紆蚰由蜒延也

方言十一蚰蜒自關而東謂之螾蛩引演二音或謂之入耳或謂之蛝蠬趙魏之閒或謂蚨虷北燕謂之蚰蚭郭注江東又呼蛩音鞏爾雅螾衙同蛩入耳郭注蚰蜒鄭注攷工記云卻行螾衍之屬今此物名蚰蚭亦正狀其卻行耳玉篇蚰蚭班螯餘與此同淮南說林訓昌羊去蚤蝨而來蛉窮高注云蛉窮蟲

入耳之蟲也證類本草二十一　陳藏器曰蚰蜒色正黄不班大者如釵股其足無數好脂油香能入耳及諸竅中以驢乳灌之化為水

蛛蝥牟冈工蠋燭蚗決蝳毒蜍餘也

方言鼅鼄知株二音鼄蝥音無也自關而西秦晉之間謂之鼄蝥自關而東趙魏之郊謂之鼅鼄或謂之蠋蝓蠋蝓者侏儒語之轉也北燕朝鮮洌水之間謂之蝳蜍郭注今江東呼蝃蝥齊人又呼社公亦言罔工爾雅次蟗鼅鼄鼅鼄鼄蝥土鼅鼄郭注在地中布網者又草鼅鼄注絡幕草上者釋文蟗本或

作蝵郭音秋䵹鼄說文云或作蜘蛛蝥音謀又音無說文作蟊音茅云蠿蟲作罔蛛蟊也蠿側八切蝃或作蚰音掇窠螋蝓通用玉篇蝳蜍肥大蜘蛛又爾雅有蠨蛸長踦亦蜘蛛之類廣雅不說今亦不著

蛺夾蜨山頰螌蛈替也

古今注蛺蝶一名野蛾一名風蝶江東呼為撻末初學記作末色白背奇者是也其有大如蝙蝠者或黑色或青斑名曰鳳子一名鳳車一名鬼車生江南甘橘園中本草蛺蝶輕薄夾翅而飛莊子逍遙遊

莊周夢為胡蝶釋文蛺蝶也列子天瑞篇陵舄得鬱栖則為烏足烏足之根為蠐螬其葉為胡蝶張湛注根本也葉散也言烏足為蠐螬之本其末散化為胡蝶也干寶云朽葦為蛬麥為蛺蝶案亦有以衣化者蝭蝶同胡蝶俗作蝴蝶諸書未有言蟞蛈者

蛩恭勇趗促織蚟孫蜻精蛚也

蛬玉篇古勇切又音邛蛩同爾雅蟋蟀蛬郭注今促織也亦名蜻蛚釋文蟋說文作悉本或作蟋音瑟蟀或本作蟀說文同促字亦作趗蜻本今作青

蛚本今作蛪呂氏春秋季夏紀蟋蟀居宇高注云蟋蟀蜻蛪爾雅謂之蛬本多譌作綦詩唐風蟋蟀在堂正義引郭注作趨織趨亦音促陸璣疏蟋蟀似蝗而小正黑有光澤如漆有角翅一名蛬一名蜻蛪楚人謂之王孫幽州人謂之趨織里語曰趨織鳴嬾婦驚又豳風七月在野八月在宇九月在戶十月蟋蟀入我牀下箋云皆謂蟋蟀也方言十一蜻蛚楚謂之蟋蟀或謂之蛬南楚之閒謂之蚟孫郭注楚國呼蛬考工記以注鳴者鄭注注鳴精列屬精列即蜻蛚疏引方言作王孫古今注蟋蟀一名吟

蛩秋初生得寒則鳴一云濟南呼為嬾婦又云莎雞一名促織一名絡緯一名蟋蟀促織謂鳴聲如急織也絡緯謂其鳴聲如紡績也促織一名促機絡緯一名紡緯周書時訓解蟋蟀作螅蟀訛炙(疑崔字)鼠津姑螻(樓)蜮(古麥)蝸蛉蛞螻螻姑也方言蛄謂之杜蛒(音格)螻螲(音窒塞)謂之螻蛄或謂之蝝蛉(象鈴二音)南楚謂之杜狗或謂之蛞螻文選古詩凜凜歲云暮螻蛄夕鳴悲李善注引方言南楚或謂螻蛄為螻螻又引廣雅螻螻蛄也俱不連蛞字難句似失之爾雅轂(胡木反)天螻郭注螻蛄也夏小正

曰㲉則鳴案小正在三月傳與爾雅同古今注螻蛄一名天螻一名㲉一名碩鼠有五能而不成技術爾雅釋獸鼫鼠釋文案蔡伯喈勸學篇云五技者能飛不能上屋能緣不能窮木能泅不能渡瀆能走不能絕人能藏不能覆身是也許氏說文亦云然或云即螻蛄也郭云形大如鼠頭似兔尾有毛青黄色好在田中食粟豆關西呼為鼩鼠見廣雅鼩鼠即雀鼠也鼩郭音雀字林音灼云鼩鼠出胡地郭注本雀字或誤為瞿字沈旋因云郭以為鼩鼠音求子反非也本草經螻蛄一名蟪蛄一名

天螻一名螜夜出者良說文蠹螻蛄也胡葛切淮南時則訓孟夏之月螻蟈鳴高誘注螻螻蛄也蟈蝦蟇也此釋為二物張揖音蜮為古麥即與蟈字同周禮秋官蟈氏鄭司農云蟈讀為蜮蜮蝦蟇也但此總釋為螻蛄與高鄭二家異

蛆子魚蟝渠馬𧒂逐馬蚿弦也

方言馬蚿北燕謂之蛆蟝其大者謂之馬蚰郭注音逐今關西云莊子秋水篇夔憐蚿蚿憐蛇釋文司馬云夔一足蚿多足蛇無足又商距音渠馳河亦見秋水篇釋文司馬云商距蟲名北燕謂之馬蚿

一本作蝂徐市軫反呂氏春秋季夏紀腐草化為蚈高誘注蚈馬蛿也蚈讀如蹊徑之蹊誘又注淮南時則訓云幽冀謂之秦渠又注兵略訓云蚈馬蠸也文子上德篇若蚈之足衆而不相害博物志馬蚈一名百足中斷成兩段各行而去又說文作蠲云蠲馬蠲也从虫𦉭益聲勹象形明堂月令云腐草為蠲本草經馬陸一名百足吳氏本草一名馬軸見御覽九百四十八

蠓蒙螉翁蜂也蠮結一螠憶也

蜂說文作蠭飛蟲螫人者方言蠭燕趙之間謂之

蠓螉其小者謂之蠮音噎鯁螉或謂之蚴蜺其大而蜜謂之壺蠭郭注蠮螉小細腰蠭也今黑蠭穿竹木作孔亦有蜜者或呼笛師蝘舊本作[illegible]誤玉篇蝘與蠮同螠小蜂也蠮螉見下文當與此連屬離之非也

尺蠖蠀即蝛酒六也

舊本作尺蠀蠖蝛也係誤倒易繫辭傳下尺蠖之屈以求信伸同也說文尺蠖屈信今本作申此從御覽蟲也爾雅蠖蚇蠖郭注今蝍蝛子六反方言蠀蝛謂之蚇蠖烏郭反郭注又呼步屈考工記弓人麋筋斥蠖灂鄭

注斥蠖屈蟲也斥與尺通用陸璣詩義疏引郭注云尺蠖有又同呼步屈其色青而細小或在草木葉上今蜾蠃所負為子者案此見御覽九百四十五或疑璣是孫吳時人不當引郭璞語因以此為爾雅注之脫文然璣所著草木蟲魚疏皆不似偏隅人語詩大雅蕩如蜩如螗正義所載陸璣疏中即引呂忱之字林忱亦晉人也爾雅疏亦有之今單行陸璣疏内刪去字林語陳振孫書錄解題亦疑之御覽九百四十八於尺蠖條下引郭璞曰步屈也無餘語則知璣所引郭注止一句而下乃自明其所見者耳

御覽例先引楊椎方言或単舉郭璞方言下乃以郭氏語作小字係其下無有大書郭璞注方言云云者因校者不審誤提行故世人以為非陸氏所引余前梓方言亦疑郭注尚有脱文今以前後體例証之始知不然段氏終以陸德明謂璣吳人為是晏子春秋外篇弦章謂景公曰尺蠖食黄即身黄食蒼即身蒼

蚴

蚴幽蛻悅土蜂蠮烏結螉翁也

蚴蛻蠮螉皆見方言已載於上矣爾雅果蠃蒲盧郭注即細要本今作𦝫蠭也俗呼為蠮螉又螟蛉桑蟲注俗謂之桑蟃音萬亦呼為戎女說文蠣蠃蒲盧細要土蠭也天地之性細要純雄無子詩曰螟蠕有子蠣蠃負之蠣或作蜾螟蠕桑蟲也淮南原道訓

蚑蟯負蠜高誘注負蠜細要之屬也爾雅釋文今俗呼細署小蜂為蠮螉在物中作房用土為隔非土蜂也案今詩小雅小宛螟蛉有子蜾蠃負之唐石經蠃作蠃箋云蒲盧取桑蟲之子負持而去煦嫗養之以成其子禮記中庸鄭注蒲盧蜾蠃釋文本作螺謂土蜂也法言學行篇螟蠕之子殪而逢蜾蠃祝之又切之曰類我類我久則肖之矣

芊芊䖡痕入。舊作痕之段氏云乃痕之入聲今依改正朧。舊作眩訛螗蜋也

蟳博蟭焦烏洟他帝冒焦螵婢消蛸消也

方言螳螂謂之髦或謂之虰或謂之蛘蛘音羊郭注

有斧蟲也江東呼為石蜋又名齕朧音龍按爾雅云螳螂蛑句虰義自應下屬方言依此說失其指也爾雅不過蟷蠰其子蜱音禆又婢貽反蛸郭注蟷蠰螗蜋别名蜱蛸一名蟳蟭蟷蠰卵也又莫貈貉同户各反蟷蜋蛑郭注孫叔炎以方言說此義亦不了疏云即上不過也說文以丁蛵負勞為一則方言之說既失其指孫氏引之為說是亦不了也案不過亦作不蝸戴氏震云蛑即髦一聲之轉說文蟷蠰不過也當蜋一名蚚父蟲蛸堂蜋子或作蟳說文無螳字新附有之禮記月令仲夏之月螳蜋生鄭注螳

蜋螵蛸母也藝文類聚王瓚問問何以云螳蜋螵蛸母也下是鄭答曰爾雅云莫貈螳蜋同類物今沛月令正義訛潭魯以南謂之蟷蠰三河之域謂之螳蜋燕趙之際謂之食朧爾雅疏作厖齊濟正義作杞以東謂之馬敫正義作穀爾雅疏作谷然名其子則同云螵蛸是以注云螳螂螵蛸母也此蓋鄭志之文而月令正義誤以為方言爾雅疏亦仍其誤實非方言之脫簡也高誘注淮南時則訓云螳蜋世謂之天馬一名齕朧俗本訛齒肬兗豫謂之巨斧呂氏春秋注朧作疣巨作拒餘同其朧字或作肬或作疣或作痝或作肱不一竿古羊字藝

文類聚引方言亦作羊羊本草經桑蜱蛸一名蝕肬生桑枝上採蒸之御覽九百四十六吳氏本草桑蛸條一名蝕肬一名害焦一名致玉篇蜱同螵

蟅

柘蟒猛蚮他則也橀粟容蝑胥又思呂蠢春蚕泰。當作蠢或蟒也

方言蟒宋魏之間謂之蚮音貸南楚之外謂之蟅蟒或謂之蟒或謂之螣音滕郭注蟒即蝗也蟅音近詐亦呼蚝蛨戴氏震云詩大田釋文螣字亦作𧈧爾雅釋文𧈧又作蟘又作蚮同徒得反說文引詩作去其螟蟘是貣螣字異音義同廣雅有蚮則無螣此類不宜別立名及強讀異音今注文音滕是與

螣蛇之螣同一音矣未詳文弨向校方言以蝗無名蟒若疑其皆蛇也今此下螽蝗又別見亦殊可疑說文蟅蟲也新附有虴蜢字此蟅蟒即虴蜢爾雅土螽蠰蹊郭注似蝗而小今謂之土蝶釋文蝶字又作虴誥幼云虴虴蜢也善跳疏云江南呼虴蛨又名蚱蜢說文蟦蟲食苗葉者吏乞貸則生蟦爾雅又云蜤螽蜙蝑郭注蜙蝑也俗呼舂黍釋文蜤本又作蟴詩作斯同蜤字亦作蜙說文蜙蝑以股鳴者考工記梓人文注蜙蝑動股屬或省作蚣字林云蝑蜙似蜂舂黍亦作蝽蟍疏云蜤螽周南作螽斯七月作

斯螽唯字異文倒其實一也一名蜙蝑一名蜙⿰虫從一名蝽⿰虫黍陸璣云幽州人謂之蝽箕蝽箕即蝽⿰虫黍蝗類也長而青長角長股股鳴者也或謂似蝗而小斑黑其股似瑇瑁又五月中以兩股相切作聲聞數十步者是也螽斯箋云凡物有陰陽情慾者無不妬忌維蜙蝑不耳

蝍即蛆餘子吴公也

莊子齊物論蝍且甘帶釋文李名蝍且蟲名廣雅云蜈公也帶如字崔云蛇也司馬云小蛇也蝍蛆好食其眼爾雅蒺藜蝍蛆注似蝗而大腹長角能

食蛇腦疏云如郭言則非蜈蚣也關尹子三極篇蝍蛆食蛇蛇食蛙蛙食蝍蛆互相食也案以今驗之皆然則廣雅之言吴公者是淮南說林訓螣蛇游霧而殆於蝍蛆高誘注蝍蛆蟋蟀爾雅謂之蜻蛪上蛇蛇不敢動御覽九百四十六引淮南此文注云蝍蛆蓋吴公也疑是許慎注玉篇廣韻皆云蝍蛆蜈蚣而高云蟋蟀郭云似蝗者此自是一種亦能制蛇王逸九思云蝍蛆兮穰穰自注云將變貌上文云旻天兮清涼是言至秋始變則亦以為蟋蟀是高郭二注不可即以為非但非廣雅義耳御覽

又引春秋考異郵云土勝水故蝍蛆搏蛇宋均注蝍蛆生於土蛇之物屬於坎坎水也為隱伏也

馬踐士板。踐依爾雅當作䗃蠽節蛆也

爾雅蛝閑音馬䗃郭注馬蠲蚼俗呼馬𧒂案馬𧒂即馬蚰見上文蠽蛆即上文之蝍蛆以其皆多足也蟲故名同

蛸蛉蛪蛉倉螘也

方言蜻蛉謂之蝍蛉音霊郭注六足四翼蟲也江東名為狐黎淮南人呼蠊蛜音康伊列子天瑞篇厥昭生乎溼殷敬順釋文引曾子云狐藜一名厥昭恆

翔繞其水不能離之師說云狐蔾蜻蛉蟲也爾雅虰蛵負勞郭注或曰即蜻(釋文作青)蛉也江東人呼狐梨(同黎)所未聞疏云字林一名桑根陶注本草云一名蜻蜓案說文蜻蛉一名桑根戰國楚策(四)莊辛謂楚莊(今本作襄)王曰蜻蛉六足四翼飛翔乎天地之閒俛啄蚉虻而食之仰承甘露而飲之自以為無患與人無爭也不知夫五尺童子方將調飴膠絲加己乎四仞之上而下為螻蟻食也淮南齊俗訓水蠆為蟌(音矛 音務)又蔥高注云青蛉也又說林訓水蠆為蟌(音聰)注亦云青蜓也古今注蜻蛉一名青亭

一曰胡蝶色青而大者是也小而黄者曰胡黎一曰胡離小而赤者曰赤卒一曰絳騶一曰赤衣使者好集水上亦名赤弁文人又絳蝶一名青令似蜻蛉而色夕紺遼東人謂為紺幡亦曰童幡亦曰天雞好以七月羣飛暗天海邊夷貊食之謂海中青蝦化為之此云倉螘未聞豈即螗蛦聲之轉歟

蛷求螋所留蟱霧蛷求也

說文蠡多足蟲亦作蛪玉篇蛷螋蟲名又作蠷音瞿螋螋亦作螋蝥音務蟲名又音牟蟱同周禮秋官赤友氏凡隙屋除其貍蟲注貍蟲䗪肌蛷釋文作求之

屬釋文蛷劉音俱本草蛷多足蟲似小蜈蚣青黑色足在腹前尾有岐能夾人物俗名搜夾子其溺射人影瘡如熱沸博物志蠷螋蟲溺人景亦隨所著處生瘡盧氏云以雞腸草擣塗之經日即愈

蠠女陟䗶乃德蝱盲也

唐韻蠠小蟲螚蟲名似蝱而小青斑色齧人亦作螚說文蝱齧人飛蟲淮南說山訓蝱散積血以類推之也許慎注䖟食血見御覽九百四十五莊子天運篇蚊虻噆子合反膚則通昔不寐矣釋文虻字亦作

蝱

廣雅　大

蜤錫又々亦⿰虫覓覓蜰肥也

廣韻蜥⿰虫覓蟲名蝀音析與蜤同字書却不載蜤字爾雅蜚蠦蜰郭注蜰即負盤臭蟲釋文盤字又作螌蒲安反疏云本草蜚厲蟲也春秋經傳皆云有蜚則此蟲名蜚一名蠦蜰而舍人李巡皆云蜚蠦一名蜰非也此蟲一名負盤漢書及左傳注多作負蠜者以此下有草蟲負蠜故相涉誤耳案說文蜚臭蟲負蠜也是許亦以蜚有負蠜之名矣陸又以舍人李巡名蜰為誤今廣雅亦名蜰則亦不可謂誤觀郭注亦单舉蜰或據左傳正義改作蜚是

從釋文之說也御覽九百四十九載蜰一條引廣五行記曰春秋魯莊公一十九年有蜰劉向以為此非中國所有南越盛暑男女同川澤當作浴淫亂所生為蟲臭惡時公娶齊淫女作夫人又引後漢書曰王莽地皇閒蜰蟨蔽天至長安入未央宮案春秋有蜚而御覽以為蜰蟨二字或本同王莽事續五行志不載玉篇蝀負蜿蜿殆螌字之誤

朝蜏秀孳慈母也

淮南道應訓朝秀不知晦朔高誘注朝秀朝生暮死之蟲也生水上狀似蠶蛾一名孳母海南謂之

蟲邪俗本朝秀作朝菌乃因莊子文相涉致誤御覽九百四十九作朝秀今從之蘖母作茲母其當篇之目作慈母

孑孓蜎烏泫也

爾雅釋魚蜎蠉郭注井中小蛣蟩赤蟲一名孑孓廣雅云釋文孑紀列反孓九月反說文蜎蠉也淮南說林訓孑孓為蟁高誘注結蟨水上到古倒字跂蟲今廣雅及淮南皆誤作孑孑當以爾雅正之高注中蟨字舊誤作蠆注末剩讀廉二字乃闕文也當云孑讀廉潔之潔孓讀厥逆之厥俗閒本乃注一

廉字於上了字之下而刪去注末讀廉二字殊不審也莊子秋水篇云還虷蟹與科斗釋文虷音寒井中赤蟲也一名蜎并引爾雅及注案郭注蛣蟩音吉厥與孑孓音同而字異也蟨即蚊乃此蟲所化人家甕水底缸有小赤蟲以泥自裹變而為孑孓自下一順一倒而上乃倒豎於水面移時復下久則蛻而為蚊或云新雨水與舊水相雜則生此

蟲

螽（之戎）蝗（皇又華孟）也

說文螽蝗也从䖵夂聲夂古文終字或从虫眾聲

作螺春秋經桓五年螽唯公羊作螺爾雅釋文本或作蠜杜預范甯皆云螽蚣蝑之屬顔師古注漢書五行志云螽即阜螽即今之蝩之庸反蟲也爾雅𧒂音阜螽蠜草螽負蠜蛗螽蚣蝑蟿螽螇蚸土螽蠰谿郭注草蟲謂常羊也俗呼似蚣蝑而細長飛翅作聲者為螇蚸餘見前疏云阜螽之族厥類寔繁阜螽李巡曰蝗子也陸璣疏云今人謂蝗子為螽子兖州人謂之螣許慎云蝗螽也蔡邕云螽蝗也明是一物草蟲陸璣云小大長短如蝗也奇音青色好在茅草中蟿螽已見上蚣蝑蝽[illegible]下蟿螽已見上蟅蟒

下爾雅又有蝝蝮蜪郭注蝗子未有翅者疏引春秋宣十五年冬蝝生是也釋文蝗華孟反字林音皇說文榮庚反范宣禮記音音橫聲類韻集竝以蝗協庚韻劉昭注續漢五行志引春秋考異郵云貪擾生蝗爾雅食苗心螟食葉蟘食節賊食根蟊捷為文學云此四種皆蝗也

蚯丘蚓引蜿宛蟺時湎引無也

爾雅螼羌引反蚓引蜸苦顯反蚕他典反郭注即蛩同蜿蟺也江東呼寒釋文作[虫寒]蚓疏引廣雅此文又云蚯蚓土精無心之蟲與蝨螽交者也說文螼螾也螾側行者

或从引作蚓蟺夗蟺也禮記月令孟夏蚯蚓出仲冬蚯蚓結呂覽淮南詔作卽蚓孟子蚓止食槁壤下飲黃泉大戴禮勸學篇螾無爪牙之利筋脈之强上食晞土下飲黃泉用心一也文子孫卿淮南蚯同高誘注淮南說山訓云螾一名蜷端權舛一音吳氏本草蚯蚓一名白頸螳螾一名胕引陶注本草白頸蚯蚓一名土龍古今注蚯蚓一名蜿蟺一名曲蟺善長吟於地中江東謂之歌女或謂之鳴砌

負蠜煩蟅之夜也

負蠜已見上釋說文蟅蟲也次於蚣蝑之下則亦

蝗之類也爾雅蜚蠦蜰釋文即引廣雅此文為説似失之蜰自在上條本草經䗪蟲一名地鱉生川澤吴氏本草一名土鱉

飛蟅飛蠊（廉）也

本草經蜚蠊生川澤名醫别錄生晋陽及人家屋閒立秋採陶宏景云形亦似蟅蟲而輕小能飛唐本注漢中人食之下氣名曰石薑一名盧蜰一名負盤説文爾雅與上條蟅及蜰語皆交互不能分析

虎王蝟（謂）也

說文𧓍似豪豬者或从虫作蝟爾雅釋獸彙毛刺郭注今猬狀似鼠釋文彙本或作猬又作蝟亦作㚔同音謂案說文㚔為草木㚔字之皃後變而為彙皆非蝟之本字續博物志二蝟能跳入虎耳中見鵲便自仰腹受啄易林豫之比虎飢欲食見蝟而伏又比之豐李耳彙鵲更相恐怯偃爾以腹不能距格李耳虎也猬與虎鵲三物相遇如蛇與吴公蝦蟇之互相制然故更相恐怯也埤雅蝟可以治胃疾炙轂子云刺端分兩岐者曰猬如棘針者曰蝝音灰蝟狀似鼠性極獰鈍物少犯近則毛刺

攢起如矢中鵲矢輒爛故淮南子云鵲矢中蝟見說山訓蝟能制虎鵲能制蝟蠢物之相制迭爲君臣如此又案南人有畜金蠶以蠱人者其物善藏匿惟使蝟捕之雖榻下牆隙皆可擒而出之

沙蝨𧍒便蜁旋也

御覽九百五十廣志皆疑沙虱色赤大過蟣在水中入人皮中殺人舊唐書粵中山川鴆鳥之地必有犀牛有沙虱水弩必生可療之草惟南萬畢訓沙虱一名蓬活一名地脾本草經沙虱一名石蠶葛洪方曰辟沙虱用麝香大蒜合羊脂擣著小筒中帶之良

廣雅　圭

以上皆見御覽玉篇⿰虫便蜁亦作⿱便虫⿱旋虫

天杜蟯○舊作蠟誤字書無蜋也

御覽九百四十六引此文天杜蟯蜋也下注云一作天社案說文⿰虫却渠⿰虫卸一名天社其虐切玉篇蟯卭良切蟯蜋噉糞蟲也⿰虫卻同上又其虐切御覽引說文徑作蟯蜋蓋渠⿰虫卻與蛣蟯聲有緩急實一物也古今注蟯蜋能以土苞糞推轉成丸圓正無邪角莊周曰蛣蟯之知在於轉丸又云蛣蟯一名轉丸一名弄丸埤雅蛣蟯五六月之間經營穢場之下車走糞丸一前挽之一後推之若僕人轉車然久之

蜩羽化如尸解仙去即成蟬矣

白魚蛃幸步魚也

爾雅蟫音淫白魚郭注衣書中蟲一名蛃魚本草衣魚一名白魚吳氏本草一名白魚一名蟫說文蟫白魚也詩鄭風溱洧正義引陸璣疏蘭香草可著粉中藏衣著書中辟白魚

上蛹勇蠁許兩蟲也

爾雅國貉蟲蠁郭注今呼蛹蟲為蠁即引廣雅此文說文蠁知聲蟲也司馬相如从向作蚼玉篇云蠁禹蟲也

鸋鴂鸋雞也

爾雅翰天雞郭注小蟲黑身赤頭一名莎雞又曰鸋雞釋文翰字林作鶾同幷引廣雅此文疏引李巡云一名酸雞詩豳風七月六月莎雞振羽傳云莎雞羽成而振訊（同迅）之陸璣疏云莎雞如蝗而斑色毛翅數重其（御覽作下）翅正赤或謂之天雞六月中飛而振羽索索作聲幽州人謂之蒲錯名醫別錄云生河內鸋樹上

盤（班）蝥（茅）晏（烏諫切）青也

說文盤蝥毒蟲也本草經班猫一名龍尾生川谷

吳氏本草曰斑猫一名斑蚝一名龍蚝一名斑苗一名勝髮一名晏青生河内川谷或生水石

蝮扶福蛸育蜕始悅始芮也

本作復育論衡奇怪篇蟬之生於復育也閶同開背而出酉陽雜俎蟬未脱時名復育言蛣蜣所化韋翾嘗冬中掘樹根見復育附於朽處剖一視之腹中猶實爛木說文蛻蛇蟬所解皮玉篇蝮蛸蟬皮史記屈原傳蟬蛻於濁穢正義蛻去皮也

蟱無蝺牛俱魚伯青蚨拊也

御覽九百五十淮南萬畢訓青蚨還錢青蚨一名魚伯

或曰蒲以其子母各等置瓮中埋東行陰垣下三日後開之即相從以母血塗八十一錢亦以子血塗八十一錢以其錢更互市置子用母置母用子皆自還也搜神記南方有蟲名蜳蠋音敦隅形如蟬大味辛美可食其子著草葉如蠶種說文青蚨水蟲可還錢玉篇蜳蠋又名青蚨

蚲

平蠿㦔蝔螣古蝔螣犬蝆掌羊也

玉篇廣韻等書大概皆如廣雅所說而未有言蝆之形狀者楚語上申無宇謂靈王曰牛馬處暑之既至蝱蠻之既多而不能掉其尾韋昭注大曰蝱

小曰蠽然則蛘即此類也說文蛘搔蛘也蓋螌則蛘故以名歟

釋魚

鯸侯鮔頤河魠之齒魧亢航鱅唐魠託也

玉篇鯸鮔魺也食其肝殺人然竝不載魺字魺疑即河魠之譌文選左太沖吳都賦王鮪鯸鮐劉淵林注鯸鮐魚狀如科斗大者尺餘腹下白背上青黑有黃文性有毒雖小獺及大魚不敢餤同啖之蒸煑餤之肥美豫章人珍之李善鮐音夷是與鮔同一字魠與鮔音亦相近北山經敦薨之山敦薨之

水出焉其中多赤鮭郭注今名鯸鮐魚為鮭魚音圭此河鯳下疑脱一也字下别是一條魧䱽玉篇廣韻皆泛云魚名說文魠大口魚也玉篇魠名黄頰文選上林賦注郭璞曰魠鱤一名曰黄頰東山經番條之山減水出焉其中多鱤魚郭注一名黄頰不云魠初學記黄頰骨正黄魚之大而有力者詩小雅魚麗于罶鱨鯊陸璣疏云鱨一名揚今黄頰魚是身形厚而長大頷骨正黄案近人則以為䰲也䰲見下文集韻魺魧鯳䱽皆以為魠則河鯳之下似本無也字竊以私意妄測之魠或是魨字之誤漢魏人屯字往往作乇如

漢孔龢碑中有屯䨺字屯作乇即其證也但不當音託段氏若膺曰魧是大口魚亢聲唐聲皆大義然則河魧之下必當補一也字不煩改魠爲魨也

鮷綈鯷啼鮎練鄉也

說文鮷大鮎也鮎鰋也鰋鮀也或从匽作鰋玉篇鯷鮎也爾雅鰋郭注今偃額白魚又鮎注別名鯷江東通呼鮎爲鮧釋文字林云青州人呼爲鮎鯷鮧大兮反說文云大鮎也陶宏景云今人竝呼慈案說文不作鮧陸德明即以鮧當鮷也鮧又在私反故陶云今人呼慈蔬云孫炎曰鰋一名鮎詩小雅魚

廣雅　二七

麗于罶鰋鯉傳云鰋鮎也釋文毛及前儒皆以鮎釋鰋今目驗與世不協或恐古今名異逐世移耳文選左太冲蜀都賦鮷鱧魦鱨劉淵林注鮷似鮎戰國趙策鯷冠秫縫大戎之國也鮑彪注鯷大鮎以其皮為冠爾雅翼鮧魚偃額兩目上陳頭大尾小身滑無鱗謂之鮎魚一名鯷魚善登竹以口銜葉而躍於竹上諺曰鮎魚上竹謂是故也

鱺離又力兮鰑陽鮦車也

說文鱺魚名鮦魚名一曰鱶也讀若絝襱方言四作袴襱注讀鮦魚鱶鮦也玉篇鰑赤鱺也鮦鱧魚也爾雅鱧郭

注鮦也本詩毛傳釋文鱧字或作鱺又作蠡同本草作蠡云一名鮦魚陶注云今皆作鱧字舊言是公蠣蛇所變今亦有相生者鮦大勇及疏云鱧今⿰魚重魚也詩魚麗于罶魴鱧是也案本草經蠡魚初學記引亦作鱧說文鱧鱯也案爾雅鮂大鱯郭注鱯似鮎而大白色是與鱺不同又爾雅鰹大鮦小者鮵郭注今青州呼小鱺為鮵今當從說文之鱻本草之蠡與廣雅合

鱝積鮒附也

說文鰿鮒皆云魚名玉篇鰿鮒也鰿鯽竝同鮒鰿

魚。楚辭大招「前鯖臛雀」，王逸注：「鯖，鮒。」莊子外物篇車轍中有鮒魚，釋文引廣雅云：「鯖也。」易井九二「井谷射鮒」，王肅注：「鮒，小魚也。」見御覽九百三十七。文選劉淵林注吳都賦引鄭康成云：「山下有井，必因谷水所生魚，無大魚，但多鮒魚耳。言微小也。」徐位山曰：「井正義引子夏傳云：『鮒，井中蝦蟆，呼為鮒魚也。』莊子見涸轍中有鮒，即是蝦蟆耳。莊子秋水篇蛙跳梁於井幹之上，又休乎缺甃之中。後漢馬援謂子陽為井底蛙，蛙即蝦蟆也。」案此釋井卦亦一解，此明在魚類，必非蟲也。

鰱力延鱮嶼也

說文鰱鱮皆魚名詩齊風敝笱其魚魴鱮箋云鱮似魴而弱鱗正義引陸璣疏云鱮似魴厚而頭大魚之不美者故里語曰網魚得鱮不如啗茹其頭尤大而肥者徐州人謂之鰱或謂之鱅幽州人謂之鴞鷂無攷或謂之胡鱅

鯕居家鯤也

玉篇鯕魚也鯤大魚又魚子此蓋指魚子也本草鯕鯷子也爾雅鯤魚子郭注凡魚之子總名鯤疏引詩云其魚魴鰥鄭云鰥魚子蓋鰥字說文从魚

罤省聲罤罤本昆字古魂切魯語云宣公夏濫於泗淵里革斷其罟而棄之曰魚禁鯤鮞鳥翼鷇卵蕃庶物也是亦以鯤爲魚子也魚子可以爲醬禮記内則濡魚卵醬實蓼鄭讀卵爲鯤鯤魚子或作攔也古今注魚子曰鱦亦曰鯤亦曰鮇言如散稻米也

鮊

白鱎奇兆也

說文玉篇皆以鮊爲海魚玉篇鱎白魚也今案鮊從白當是白魚說苑政理篇宓子賤爲單父宰陽晝曰有釣道二焉請以送子夫扱綸錯餌迎而吸

之者陽橋也其為物薄而不美若在若亡若食若不食者魴也其為魚也博而厚味子賤曰善案陽橋即鱎也橋亦有作鱎者楊慎轉注古音以鲹從本夲音叨故鲹音喬即鱎也荀子榮辱篇儵鲹當作儵鲹云儵鲹者浮陽之魚也楊倞注此魚好浮於水面就陽也是已然因字書無鮇字欲改為鮁音布末反則非也用修此說甚為有理古今注白魚赤尾者曰魟（音紅）魚一曰魧或云雌者為白魚雄者為魟魚子好羣泳水上者名曰白萍

鮜[豆乎][魚果][寡乎]也大[魚果]謂之鰒[虔]

廣雅

說文鰈鱧也詩魚麗魴鱧正義釋魚云鱧鯇舍人云鱧一名鯇郭璞云鱧鮦徧檢諸本或作鱧鱸或作鱧鯇或有本作鱧鰈者玉篇廣韻鮎鰒皆云魚名張揖則專以為鱧也上林賦注郭璞曰鰒似鱓音善與此異

鱄普姑䱐副周⿰魚菊菊也

玉篇鱄䱐魚一名江豚欲風則踊御覽九百三十九魏帝四時食制曰䱐⿰魚巿孚沛二音魚黑色大如百斤豬黄肥不可食數枚相隨一浮一沈一名敷常見首出淮及五湖本草鱄亦作鯆云江豚說文鯆魚名出

樂浪潘國一名魶魚出江東有兩乳一曰溥浮徐鉉本脫此四字徐鍇本有之溥浮即鱄鯙也魶王篇又作䱍李善注文選郭景純江賦引南越志曰江豚似豬

石首鯼子公也

李善注江賦鯼鮆順時而往還引字林云鯼魚出南海頭中有石一名石首初學記引吴地志曰石首魚至秋化為冠鳬冠鳬頭中猶有石也臨海異物志石首小者名口水御覽名緧其次名春來石首異種又有石頭長七八寸與石首同

魶[illegible]邦鯢五兮也

此即人魚也說者多誤以為鯨鯢今因段氏玉裁說引衆書以證之爾雅鯢大者謂之鰕郭注今鯢魚似鮎四脚前似獼猴後似狗聲如小兒啼大者長八九尺別名鰕史記秦始皇本紀以人魚膏為燭徐廣曰人魚似鮎四脚正義引廣志云鯢魚聲如小兒啼有四足形如鱧可以治牛出伊水異物志云人魚似人形長尺餘不堪食皮利於鮫魚鋸材木入　句項上有小穿氣從中出出東海中今台州有之又司馬相如傳上林賦禺禺鱋魶徐廣曰魶音納一作鰨一本作鰨裴駰引漢書音義曰魶鯷魚

案漢書相如傳魶作鰨如淳音奴榻反是與魶同鯷從是聲與兒聲同部鯷魚即鯢魚鯢魚猶兒魚也謂聲如小兒也王伯厚注周書王會解穢人前兒云前兒即鯢魚也其說皆合玉篇始誤以鯨釋魶御覽九百二十八又誤以廣志所云之鯢入鯨鯢類中至邢氏之疏爾雅乃謂鯢雖鯨也大者長八九尺别名蝦叜謬甚矣今案鯢凡六名曰鯢曰魶曰鰨曰鰕曰人魚曰鯷魚

竹頭⿰魚爭耕側也

玉篇⿰魚爭魚名異魚圖賛滇池所饒亦名竹丁

鰝來的鰅魚恭鯙亭魧於八也

玉篇鰝魚名又作⿰魚歷說文鰅魚名皮有文出樂浪東暆神爵四年初捕收輸考工成王時揚州獻鰅李善注司馬相如上林賦引郭璞曰鰅魚有文彩音顒玉篇鯙魧皆魚名本草黃頰魚一名鉠魧無鱗正字通鉠魧身尾似鮎腹黃背青腮下二橫骨兩頭似胄羣游作聲軋軋然一名黃鱨魚又名黃頰魚今人析而呼之為黃鉠黃魧埤雅鱨今黃鱨魚是也性浮而善飛躍故一曰揚也一名黃揚舊說魚膽春夏近下秋冬近上各書所引上下互易今從本書

黑鯉謂之鯶步佳鱃秋䱂要鰒奥鰌也○舊二字誤在注中今改正

鯪陵鯉也

爾雅鯉郭注今亦鯉魚與鱧非一物與舍人注及說文不同玉篇鯶黑鯉也本此廣韻亦引廣雅此文東山經旄山無草木蒼體之水出焉而西流注于展水其中多鱃魚其狀如鯉而大首食者不疣贅也郭注今蝦鰌字亦或作鱃秋音說文䱂魚名讀若幽玉篇鰒小鰍也案鰍即鰌廣雅舊本鰒下注雨奥字今刪其一又鰌也亦作注今改為正文以郭注山海經證之蝦鰌字即可作鱃則鱃䱂鰒三

廣雅　三三

者皆鰌也近人張自烈則云魩為鮒屬生溪澗中狀似吹沙魚而短濶口大頭歧尾色黄黒有斑脊背上鬐刺螫人此説頗與鯪鯉又相近楚辭天問鯪魚何所王逸注鯪魚鯉也一云鯪魚鯪鯉也有四足出南方鯪一作陵洪興祖補注引山海經海内北経近列姑射山有陵魚人面手足魚身見則風濤起天對云鯪魚人貌邇列姑射是也陶隠居云鯪鯉形似鼉而短小又似鯉魚有四足吴都賦云陵鯉若獸注引陵魚曷止與逸説同劉逵注陵鯉有四足狀如獺鱗甲似鯉居土穴中性好食蟻初學記鯪魚背腹皆有刺如三角

菱沈懷遠南越志鯪魚鯉也形如蛇而四足腹圍五六寸頭似蜥蜴鱗如鎧甲異物志謂之鯪鯉

蛤○舊脱據方言補解蠦力予蟺廛蚵何蠪龍蜥析蜴也

方言八守宮秦晋西夏謂之守宮或謂之蠦蟺盧廛二音或謂之蜥蜴其在澤中者謂之易蜴音析南楚謂之蛇醫或謂之蠑螈榮元兩音東齊海岱謂之螔䗔斯侯兩音北燕謂之祝延桂林之中守宮大者而能鳴謂之蛤音頜頜解郭注蜥易南陽人又呼蝘蜓螔䗔似蜥易大而有鱗今所在通言蛇醫耳蛤解似蛇醫而短身有鱗采江東人呼為蛤蚧汝潁人直名為蛤

解音懈誤聲也段氏玉裁云懈誤當作解悟說文字下曰悟解气也解如倦解之

解詩小雅正月胡為虺蜴傳云蜴螈也爾雅蠑螈蜥蜴蜥蜴蝘蜓蝘蜓守宮也說文在壁曰蝘蜓在草曰蜥易國語鄭語韋昭注蚖蜇蜴也蚖與螈同御覽九百四十六陸璣疏蜴一名榮原水蜴也或謂之號蜼本注音錐段氏曰此即螔蝾之譌詩正義遂刪此句或謂之蛇醫如蜥蜴青綠色大如指形狀可惡案詩正義云如陸意蜥蜴與螈形狀相類水陸異名耳然則正義所引本與御覽同而轉寫訛脫并失其句讀所云形狀相類水陸異名者亦不解是何語矣方言其在澤

中者五句皆謂水蜴也廣韻蠼守宮别名玉篇蚵蠪蜥蜴也

虺蝰哇也

説文虺作虫一名蝮博三寸首大如擘指象其臥形物之微細或行或毛或蠃或介或鱗以虫為象許偉切郭璞注爾雅云身廣三寸頭大如人擘指此是一種蛇名為蝮虺疏云案舍人曰蝮一名虺江淮以南曰蝮江淮以北曰虺孫炎曰江淮以南謂虺為蝮廣三寸頭如拇指有牙最毒郭曰此自一種蛇名為蝮虺今蛇細頸大頭色艾綬文文間

有毛似豬鬣鼻上有針大者長七八寸一名反鼻如虺類足以明此自一種蛇如郭意此蛇人自名蝮虺非南北之異蛇實是蟲以有鱗故在釋魚且魚亦蟲之屬也南山經羽山多蝮虫郭注虮也虮亦虺字本草青蝰蛇喜緣竹與竹同色最毒不入藥一名竹根蛇大者長四五尺尾三四寸有黑點者名熇尾蛇毒尤猛

有鱗曰蛟龍有翼曰應龍有角曰虯彪巨龍無角曰螭恥支龍龍能高能下能小能巨能幽能明能短能長淵深是藏敷和其穴

說文龍鱗蟲之長能幽能明能細能巨能短能長春分而登天秋分而潛淵从肉飛之形童省聲管子形勢解蛟龍水蟲之神者也乘於水則神立失於水則神廢說文蛟龍之屬也池魚滿三千六百蛟來為之長能率魚飛置笱水中即蛟去洪興祖補注楚辭離騷引郭璞云蛟似蛇四足小頭細頸卵生子如一二斛甕能吞人龍屬也淮南覽冥訓女媧服駕應龍驂青虬高誘注駕應德之龍有角為龍無角為虬一說應龍有翼之龍也李善注西都賦引廣雅有翼曰應龍其大荒東經北經與楚

辭天問俱有言應龍者此不備載蓜說文作蚪龍子有角者渠幽切䖣作螭若龍而黄北方謂之地螻或云無角曰螭丑知切案虬亦與蚪同高誘以無角為虬王逸注楚辭離騷玉虬及天問虬龍皆與廣雅異初學記引廣雅作有角曰虬龍無角曰螭龍李善注景福殿賦竝與此合吕氏春秋舉難篇龍食乎清而遊乎清螭食乎濁而遊乎濁文選注兩引廣雅皆作蚪作螭汗簡以䖣爲螭亦本此家語執轡篇鱗蟲三百有六十而龍為之長左氏昭卅九年傳蔡墨曰龍水物也管子形勢解蛟龍

水蟲之神首也又曰龍被五色五遊故神欲小則如蠶蠋欲大則函天地欲上則凌雲欲沈則伏泉

爪龜也

爪乃介字說文从八从人非手爪之爪禮記月令孟冬之月其蟲介注介甲也象物閉藏地中龜鼈之屬高誘注淮南時則訓云介甲也像冬閉固皮漫胡也甲蟲龜爲之長明屬水也大戴禮易本命篇有甲之蟲三百六十而神龜爲之長說文龜舊也外骨内肉者也从它蛇本字龜頭與它頭同天地之性廣肩無雄龜鼈之屬以它爲雄象足甲尾之

形十鼀之名爾雅詳之
鼀獲又蟈古獲長股去○舊作也說蚑甫苦蠪胡蜢孟鼀蝦霞
蟆麻也
說文鼀蝦蟇也漢書武帝紀元鼎五年秋鼀蝦蟇
鬬師古注鼀黽也似蝦蟇而長脚其色青據此則
鼀與蝦蟆實非一種周禮秋官蟈氏掌去鼀黽焚
牡鞠釋文作蘜以灰洒之則死鄭司農蟈讀為蜮蜮蝦
蟇也鼀黽蝦蟇屬書或為掌去蝦蟇康成謂蟈今
御所食蛙也字从虫國聲也蜮乃短狐與說文以蟈亦同
蜮又云齊魯之間謂鼀為蟈黽耿黽也蟈與耿黽

尤怒鳴為聒人耳去之案鼀此下又重出豈下乃
黽之譌歟爾雅釋蟲蟼驚景二音蟆郭注蛙類疏云此
自一種蝦蟆也又釋魚科斗活東注蝦蟆子釋文
蟾諸子也活東舍人作頤東疏云此蟲頭圓大而
尾細古文似之又鼀⿰酉黽蟾諸戴氏震云當作鼀⿰酉黽注似蝦蟆
居陸地淮南謂之去蚥又在水者黽注耿黽也似
青蛙大腹一名土鴨疏云蟾諸非蝦蟆但相似耳
本草蝦蟆陶注云此是腹大皮上多痱磊者也陶
又云大而青脊者俗名土鴨其鳴甚壯即是黽也
又云一種小形善鳴喚名為鼀即郭云青蛙者也

廣雅　三六八

案今名青蛙為田雞與名土鴨意相似名醫別錄蝦蟇一名蟾蜍一名䶂郭音秋一名去甫一名苦蠪五月五日取月令孟夏之月螻蟈鳴注螻蟈蛙也釋文蔡云螻螻蛄蟈蛙也即蝦蟇也正義引李巡注爾雅蟾諸蝦蟆也又仲夏之月反舌無聲蔡云蟲名鼃也今謂之蝦蟇其舌前著口側而末嚮內故謂之反舌通卦驗曰博勞鳴蝦蟇無聲又糜信云昔於長安中與書生數十共往城北水中取蝦蟇屠割視之其舌反嚮後蟜夙曰蝦蟇五月中始得水適當聒人耳何反無聲是知蝦蟇非反舌玉

篇蚊蟾蠩蔦海胡蝹蝦蟇屬本此蚊上依郭注當有去字俗本廣雅去字譌作也分兩條今正之

蜅甫蟹乎買蛫古皮也其雄曰鯽郎鱧下哀其雌曰博帶

玉篇蜅[illegible]蟹也說文蠏有二敖八足旁行非蛇鱓之穴無所庇或从魚作䲒蛫蟹也大戴禮勸學篇略如說文所說且云用心躁也荀卿亦同唯六跪二螯為異六蓋八字之誤周禮考工記梓人為筍虡仄行注仄行蟹屬埤雅蟹殼堅而脆團臍者牝尖者牡也八月腹內有芒真稻芒也未被霜食之有毒外骨內肉旁行故今里語謂之旁蠏爾雅翼

八足折而容俯故謂之跪兩螯倨而容仰故謂之敖字从解者以隨潮解甲也殼上多作十二點深胭脂色如鯉之三十六鱗其腹中虛實亦隨月太乡銳之初一蟹之郭索後蚓黃泉測曰蟹之郭索心不一也范望注言用心之不一雖有郭索多足之蟹不及無足之蚓也造化權輿曰蟹易敖折其敖足隨後更生

蜌陛蛤閣蒲盧也

說文蜃蜌也脩為蜃圜為蠇讀若賴爾雅蜌蜃郭注今江東呼蚌長而狹者為蜃釋文蜌字林云小蛤

也蠯謝步佳反郭毗支反字林作螷說文作螷此微異沈父幸反施蒲鯁反本今作螷疏云螷肉可為醢周禮醢人職饋食之豆脾析螷醢是也案天官鼈人祭祀共其螷蠃蚳以授醢人注鄭司農曰蠯蛤也杜子春云蠯蜯也疏云蜯即蛤也說文蜃屬有三皆生於海蜃厲千歲雀所化秦人謂之牡厲海蜃百歲燕所化魁蜃一名復累老服翼所化從爾雅釋文所引大戴禮夏小正十月藝文類聚引作十一月月令呂氏淮南皆在孟冬雉入于淮為蜃傳云蜃者蒲盧也

蠡力兮蠃洛戈蝸瓜牛螔移蝓瑜也

廣雅

罕

蠡與蠃同音今作螺字實非異稱曹憲乃讀蠡為離亦太僻也爾雅蚹音附蠃螔蝓郭注即蝸牛也又蠃小者蜬音含注螺大者如斗出日南漲海中可以為酒杯釋文蠃力禾反注作螺字亦同蝸工花反或工禾反疏云本草蝸牛陶注云生山中及人家頭形似蛞蝓但背負殼爾海邊又一種正相似以火炙殼便走出食之益顏色名寄居亦可作醢周禮饋食之豆葵菹蠃醢是也案周禮天官醢人注蠃螔蝓與爾雅同禮記內則蝸醢亦即此也古今注蝸牛陵螺也形如螔蝓殼如小螺熱則自懸於

葉下野人結圓舍如蝸牛之殼故曰蝸舍蝸殼宛轉有文章絞轉為結似螺殼文名曰螺縛童子結髮亦為螺髻亦謂其形似螺殼也三國魏志管寧傳後裴松之注引魏略云焦先及楊沛竝作瓜牛廬以為瓜當作蝸蝸牛螺蟲之有角者也俗或呼為黄犢莊子曰有國於蝸之左角者曰觸氏有國於右角者曰蠻氏時相與爭地而戰伏尸数萬見則陽篇謂此物也

䱣子律鯈條也

鯈舊本作儵譌鯈即詩周頌潛之鰷也箋云鰷白

鰷也莊子秋水篇莊子游於濠梁之上莊子曰儵魚出游從容是魚樂也釋文儵魚徐音條說文直留反李音由白魚也爾雅云鮂黑鰦郭注即白儵也一音篠謂白儵魚也又至樂篇作鯈音義亦同集韻鰷即律切音卒儵也本此

射工短狐蜮域也

春秋莊十八年經秋有蜮穀梁傳蜮射人者也杜注左氏傳蜮短弧也蓋以含沙射人為災釋文蜮本又作蝛音或本草謂之射工短弧本又作斷狐音同正義洪範五行傳曰蜮如鼈三足生於南越婦

人多淫故其地多蜮陸璣疏云蜮短弧也一名射景如鼈三足在江淮水中人在岸上景見水中投人景則殺之故曰射景或謂含沙射人入人皮肌其創如疥服虔云徧身濩濩或或故為災說文蜮短弧也似鼈三足以气射害人又从國作蟈漢書五行志劉向以為蜮猶惑也南方謂之短弧師古注即射工也亦呼水弩志又云劉歆以為蜮盛暑所生非自越來也埤雅蜮一名溪毒有長角橫在口前如弩擔臨其角端曲如上弩以氣為矢因水勢以射人故俗呼水弩鸗能食之禽經所謂鸗飛

則蜮沈案鸂鶒亦能食之也

廣雅卷第十中